August Sartori

Die Psychologie als Unterrichtsgegenstand in der Prima

August Sartori

Die Psychologie als Unterrichtsgegenstand in der Prima

ISBN/EAN: 9783743651517

Hergestellt in Europa, USA, Kanada, Australien, Japan

Cover: Foto ©Thomas Meinert / pixelio.de

Weitere Bücher finden Sie auf **www.hansebooks.com**

Die Psychologie als Unterrichtsgegenstand in der Prima.

Aug. Sartori, Professor.

Vorbemerkung. Dem am Katharineum bestehenden Lehrplane gemäss soll in der Prima auch die Psychologie vorgetragen werden. Was ich für geeignet hielt, den Schülern mitzuteilen und mit ihnen zu besprechen, ist in der Form von Vorträgen zusammengefasst worden. Sie enthalten den gesamten Stoff nur zum teil, sollen aber auch nur zeigen, in welchem Umfange und welcher Vertiefung die Psychologie einen Platz im Gebiete des Gymnasial-Unterrichtes verdient.

I. Das Erwachen des Bewusstseins im Menschen.

Alle Erkenntnis kommt dem Menschen bekanntlich zuerst durch die sechs Sinne. Sie sind es, die ihn mit der Aussenwelt in Beziehung setzen, aber auch von dem Kunde geben, was in seinem Innern vorgeht. Merkwürdig ist es, dass jenen fünf derselben dienen, diesem nur einer, und obendrein der unklarste und unbestimmteste von allen. Wir sind daher im allgemeinen weit mehr über das unterrichtet, was ausser unserem Leibe, als über dasjenige, was in demselben vorgeht. Aber auch das ist merkwürdig, dass wir, um die Aussengegenstände wahrzunehmen, 5 verschiedene Sinne brauchen. Es wird erforderlich sein, auf ihre Thätigkeit ein wenig näher einzugehen, um ihren Wert darnach zu bestimmen und abzuwägen.

Alle Zustände, welche in der Seele entstehen, wenn durch irgend eine Ursache eine Nervenfaser erregt oder gereizt wird und dieser Reiz sich bis zum Gehirn und durch dessen Vermittlung bis zur Seele fortpflanzt, durchlaufen drei Stadien:

1. Die Erscheinung, welche die Nerven reizt; diese ist irgend ein physischer Bewegungszustand, wie Druck, Schall, Licht, Wärme, ein elektrischer oder ein chemischer Zustand innerhalb oder ausserhalb des Körpers.
2. Die Umsetzung dieser Erscheinung in eine Nervenerregung; sie geschieht vermittelst der Sinnesorgane und erzeugt in der sensiblen Nervenfaser einen Erregungszustand, welcher sich durch eine negative Schwankung des in den Nerven kreisenden elektrischen Stromes kenntlich macht und mit einer messbaren Geschwindigkeit bis zu den Zentraltheilen des Nervensystems fortpflanzt.

Die Einrichtung der Sinnesorgane und die körperlichen Vorgänge in diesen beiden Stadien, kann ich als bekannt voraussetzen und daher hier übergehen.

3. Das letzte und wichtigste Glied dieses Prozesses, die Empfindung in der Seele, entzieht sich unserer sinnlichen Beobachtung und Forschung und wird uns nur durch das Bewusstsein kund.

Wir wollen jetzt einmal die einzelnen Sinne mustern und ihre Wichtigkeit betrachten. Zum Sehen haben wir das Auge. Seine kunstvolle Einrichtung macht einen höchst umfassenden Gebrauch desselben möglich. Nur von vorn ist es dem Lichte zugänglich, also gegen eine Ueberfülle von Eindrücken geschützt, aber wir können es nach Belieben öffnen und schliessen, nach allen Seiten hinwenden, dauernd auf einen Gegenstand richten und ihn daher genau betrachten (ins Auge fassen), wobei das Auge selbst sich nach der Entfernung und der Lichtstärke einstellt; ja wir können es durch Brillen und Ferngläser in seiner Kraftentfaltung unterstützen. Von allen Sinnen reicht das Gesicht am weitesten, bis zu den Fixsternen. So hat es unter allen sich den ersten Platz gewonnen und ist neben dem Gehör die vornehmste Quelle der Erkenntnis. Ihm eigen und durch keine andern Sinne unterstützt sind die Lichtempfindungen, die Erkenntnis der Farben und der Helligkeitsgrade, ferner die Figuren und Gestalten der Dinge, zunächst allerdings nur in Flächenform, dann aber auch durch den Umstand, dass wir zwei Augen haben und unterstützt durch den Tastsinn, in ihrer Körperlichkeit, indem wir an ihnen drei Dimensionen, neben der Höhe und Breite auch die Tiefe, bemerken. Aber auch andere Beobachtungen machen wir durch das Gesicht, indem wir Schlüsse ziehen; aus dem Fallen der Körper, welches wir sehen, schliessen wir auf die Schwerkraft, aus dem Steigen des Thermometers auf die Wärme, aus der Anziehung des Eisens auf den Magnetismus, alles Naturkräfte, welche wir nicht sehen. Und weil nun die Auffassungen des Gesichtssinnes klarer sind und in der Seele vollkommener beharren, als die der übrigen Sinne, so hat er sich in unserer Erkenntnis zum ersten von allen gemacht. Mindestens ⁹/₁₀ aller sinnlichen Wahrnehmungen gehören ihm an, und die meisten Ausdrücke, welche sich auf die geistige Thätigkeit überhaupt beziehen, stammen von ihm. Wir reden von Anschauungen und Vorstellungen. Was wir verstehen, das sehen wir ein und ist uns klar. Manches ist uns anfangs dunkel, aber plötzlich geht uns ein Licht auf. Selbst in der Finsternis können wir uns Betrachtungen hingeben, und so tritt uns die Sehkraft überall entgegen.

Aber auch in Bezug auf das Gemüt ist sie von hervorragender Bedeutung. Die Schönheit der Natur, die Werke der Kunst, von denen das Auge in wunderbarer Weise ergriffen wird, treten uns durch seine Vermittlung entgegen, und Erblindung ist für die Menschen nicht nur in intellektueller und praktischer Hinsicht ein grosses Unglück, sondern auch ein tiefer Riss in sein Gemütsleben.

> O eine edle Himmelsgabe ist
> Das Licht des Auges. — Alle Wesen leben
> Vom Lichte, jedes glückliche Geschöpf. —
> Die Pflanze selbst kehrt freudig sich zum Lichte. —
> Und er muss sitzen, fühlend, in der Nacht,
> Im ewig Finstern; ihn erquickt nicht mehr
> Der Matten warmes Grün, der Blumen Schmelz;
> Die roten Firnen kann er nicht mehr schauen.
> Sterben ist nichts, doch leben und nicht schauen,
> Das ist ein Unglück. — Ich hab zwei frische Augen
> Und kann dem blinden Vater keines geben,
> Nicht einen Schimmer von dem Meer des Lichts,
> Das glanzvoll blendend mir ins Auge dringt. —

Wie das Gesicht durch die Lichtwellen, so wird das Gehör durch die Schallwellen gereizt. Ganz so klar, wie beim Auge, ist der Vorgang im Ohr noch nicht erforscht; auch können wir es nicht so, wie jenes, richten und lenken, öffnen und schliessen. Von allen Seiten dringen Schallwellen in dasselbe ein, gleichviel ob dies unsern Gedankenlauf fördert oder stört, unserem Willen gemäss oder zuwider ist; nur auf die Spannung des Trommelfells scheint der Wille, d. h. die Aufmerksamkeit, einigen Einfluss zu haben und dadurch die Gehirnkraft zu verstärken. Auch das Hörrohr leistet ähnliche Dienste, wie die Brille, und das Telephon wie das Fernrohr, jedoch in weit weniger vollkommenem Grade.

Dass das Gehör sehr mannigfache Empfindungen erzeugt, beweisst die grosse Zahl von sprachlichen Ausdrücken für Schallarten. Hierher gehören die Wörter Ton, Klang, Laut, Geräusch, Knall, schreien, lispeln, brüllen, blöken, brummen, grunzen, wiehern, krächzen, girren, zirpen, summen, zwitschern, heulen, pfeifen, zischen, brausen, donnern, krachen, prasseln, klappern, klirren, poltern, klatschen, knarren, knistern u. s. w., von denen jeder unzweifelhaft etwas Eigentümliches bezeichnet, so dass also das Gehör ein sehr feiner Sinn ist, der die verschiedenen Reizungen seines Apparates sehr wohl zu unterscheiden versteht.

Durch was für Gegenstände ein Schall hervorgebracht wird, wo sich diese befinden, in welcher Richtung und aus welcher Entfernung sie die Schallwellen in unser Ohr senden, das hören wir ursprünglich nicht, sondern lernen es erst durch vielfache Erfahrungen. Haben wir aber dieselben gemacht, so verstehn wir auch das Ohr in Dienst zu nehmen. Wir vermögen dann die mannigfaltigen Ursachen der Schälle zu erraten, indem wir die verschiedenen Erregungen des Gehörsinnes objektiv auffassen, als Donner der Kanonen, als Rauschen eines Wasserfalls, Brausen des Windes, Stimme der Lerche, Ton einer Trompete, Rede oder Gesang eines Menschen. Aus Tönen und Geräuschen, welche von inneren Leibesorganen hervorgebracht werden, schliesst der Arzt auf den Zustand derselben; nach der Zeitdauer zwischen Blitz und Donner beurteilen wir die Entfernung eines Gewitters, aus der Stellung, welche wir einnehmen müssen, um einen bestimmten Schall aufs deutlichste zu hören, die Richtung, woher er kommt. Wie das Gesicht uns einen Begriff von Raum giebt, dem Nebeneinander der Erscheinungen, so das Gehör von ihrem Nacheinander, der Zeit. Die höchste Bedeutung aber hat es für uns als Sinn der Wortsprache. Denn wenn wir unsere Gedanken, Gefühle und Wünsche auch durch Mienen und Gebärden fühlbar ausdrücken können, so leisten diese doch bei weitem nicht dasselbe, wie jene. Die Zahl der Laute, aus welchen sie bestellt, ist verhältnismässig gering, aber sie sind scharf von einander abgegrenzt und ermöglichen eine ausserordentlich grosse Menge von Combinationen, wodurch unzählige Vorgänge und Gebilde unseres Geistes ausgedrückt werden können. Diese Laute und Lautgebilde kann das Ohr mit grosser Schnelligkeit auffassen, auch vermag es von allen Seiten her zu hören, ohne dass es dazu besonderer Aufmerksamkeit bedürfte. Somit ist das Gehör ein sehr wertvoller Sinn, umsomehr, als es gleich dem Gesichte ebensowohl der Erkenntnis, wie dem Gemüte und dem Willen dient. Welchen Einfluss hat nicht die Rede auf die Herzen der Menschen, von der kunstvoll ausgearbeiteten des Staatsmannes, des Feldherrn, des Predigers bis zu den schmerzlichen Worten der Klage, die uns mehr ergreifen, als der Anblick des Elends selbst, und dem Flüstern der Liebe! Und wie jene zu guten und edlen Empfindungen, haben nicht auch Volksvorführer, Anführer, Egoisten und Heuchler durch sie die Massen mit sich fortzureissen verstanden! Kein Sinn ist so sehr Sinn des Gemüts, der Sympathie und des Gefühls, als das Gehör, selbst die Naturlaute, das Rollen des Donners, das Brausen des Meeres, das Rauschen des Waldes, der Gesang der Vögel erwecken seinen Anteil.

Und von der Macht der Musik braucht gar nicht erst gesprochen zu werden. Ihre Elemente, Melodie, Harmonie und Rhythmus, lassen sich zu einer unerschöpflichen Mannigfaltigkeit und somit zu einem treuen Ausdruck der tausendfältigen Empfindungen des Menschen ausgestalten, und daher wirkt sie aus wieder zurück auf die Gefühlswelt, in der jeder Ton, jede Harmonie, jeder Rhythmus ein treues Echo findet.

Vom Gesicht wird das Gehör an Klarheit übertroffen, steht aber an Innigkeit voran, ein Verhältnis, welches auch für die Wirkung der Künste massgebend ist, insofern die einen durch das Auge, die andern durch das Ohr zum Gemüte reden.

Weit zurück hinter den beiden genannten Sinnen bleiben die übrigen vier. Das folgende Paar, der Geschmack und der Geruch, werden auch chemische Sinne genannt, weil offenbar Vorgänge dieser Art sich vollziehen, wenn die ihnen eigenen Organe gereizt werden, indem gleiche Stoffverbindungen gleichen Geruch oder gleichen Geschmack erregen. Im Grunde sind wir aber darüber noch ziemlich im Unklaren, denn beide Sinne teilen die Körper anders ein, als die Chemie, und wir finden in der letzteren keine allgemein entsprechenden Gründe für die Qualitäten der beiden Sinne, weil chemisch ähnlich zusammengesetzte Körper doch im Geschmack, wie im Geruch sehr verschieden sein können.

Was den Geschmack anbelangt, so steht fest, dass wir nur Flüssiges schmecken, Festes nur, wenn es in der Mundflüssigkeit gelöst ist. Man muss dabei berücksichtigen, dass die Einwirkungen gewisser Stoffe auf die Zunge, das Brennen des Pfeffers, die Empfindung der Kühle bei der Berührung von Stahl, das Zusammenziehende des Wermuths mit dem Geschmacke nichts zu thun haben. So bleiben für ihn nur wenige Qualitäten übrig, süss, sauer, bitter, alkalisch, salzig, die man nicht wissenschaftlich bestimmen kann, sondern die nur thatsächlich gegeben sind. Für spezifische Geschmacksempfindungen haben wir gar keine Ausdrücke, sondern benennen sie nach den Stoffen, nach denen etwas schmeckt.

Der Wert des Geschmackes besteht darin, dass es vorzugsweise Nahrungssinn ist, indem er uns, allerdings erst infolge vielfacher Erfahrungen, über die Zuträglichkeit oder Schädlichkeit der Speisen und Getränke Auskunft giebt; auch bei der Bestimmung der chemischen Eigenschaften mancher Körper ist er wissenschaftlich nützlich. Er hängt mit dem physischen Leben eng zusammen, was schon daraus hervorgeht, dass manche Geschmacksreize Ekel und Erbrechen hervorrufen, andere (Gewürze, Taback, Wein) erregend und belebend auf das Nervensystem einwirken. Vergessen dürfen wir nicht, dass der Wohlgeschmack der Speisen die sonst mühsame und lästige Arbeit, dem Körper den täglichen Bedarf an Nahrungsstoff zuzuführen, zu einer angenehmen, gern geleisteten Thätigkeit macht.

Die Unterscheidungskraft des Geruchs ist noch weit schwächer, als die des Geschmacks. Wir haben für seine Qualitäten gar keine besonderen Sprachbezeichnungen, sondern entlehnen sie entweder von den Stoffen, durch welche sie erregt werden, oder vom Geschmack, wie wenn wir sagen: Das riecht süss, sauer und dergleichen. Merkwürdig ist die Bescheidenheit des Geruchs, da er leicht überreizt und übersättigt wird, während Gesicht, Gehör, häufig auch der Geschmack im Genusse weit schwerer zufrieden zu stellen sind. Sein Nutzen ist ein beschränkter; vorzüglich warnt er vor schädlichen Stoffen und darin übertrifft er den Geschmack, weil dieser sie nur bei unmittelbarer Berührung empfindet, der Geruch aber aus grösserer Entfernung, also rechtzeitiger. Uebrigens vermögen seine Reize eben sowohl belebend zu wirken, als auch Ekel, Schläfrigkeit, Betäubung und Ohnmacht hervorzurufen.

Die besprochenen vier Sinne besitzen ihre bestimmten Organe, und zwar haben diese sämtlich ihren Sitz am Kopfe. Die beiden folgenden, welche gewöhnlich mit dem Namen Gefühl bezeichnet werden, aber wohl von einander zu unterscheiden sind, entbehren eines besonderen Apparates: ihre Reize werden von den betreffenden Nervenenden unmittelbar aufgenommen. Der erste derselben, der Tastsinn, beruht wesentlich auf den Druckempfindungen, welche aus dem mechanischen Widerstande hervorgehen, wenn zwischen unserm Körper und irgend einem fremden eine unmittelbare Berührung stattfindet; solche sind die des Festen, Flüssigen, Luftförmigen, Harten, Weichen, Elastischen, Rauhen, Glatten, Spitzigen, Stumpfen, Scharfen u. s. w. Er empfängt seine Reize von aussen her und kann ein Sehen durch Berührung genannt werden. Freilich hat er für Licht und Farbe gar keine Empfänglichkeit; dagegen überzeugt er uns von dem Dasein der materiellen Dinge, weshalb wir denn auch eine naheliegende Einsicht eine handgreifliche nennen. Denn obgleich wir mit der gesamten Oberfläche der Haut tasten können, ist doch die Hand sein wichtigstes Organ. Daher steht sie auch mit dem Auge in der engsten Verbindung, und beide spielen im Leben der Menschen eine hervorragende Rolle. Das Auge, wie die Hand geben dem Physiognomiker die wichtigsten Aufschlüsse über den Charakter eines Menschen, Welche tiefe und umfassende Bedeutung liegt nicht in den Worten „Schau mir ins Auge" und „Gieb mir die Hand". Doch darauf weiter einzugehen, fehlt mir die Zeit. Kein Sinnesorgan kommt beiden gleich.

Was endlich den sechsten Sinn, den man auch Allgemeinsinn, Gemeingefühl, Lebenssinn, Vitalsinn nennt, betrifft, so schreibt man ihm alle diejenigen Empfindungen zu, welche ausschliesslich durch Zustände und Vorgänge in unserem eigenen Körper hervorgerufen und durch solche Nerven vermittelt werden, die nicht in der Haut, sondern im Innern des Körpers endigen. Hierher gehören die Empfindungen des Hungers, des Durstes, des Wohl- oder Uebelbefindens, der Anstrengung und Ermüdung, auch alle Arten des Schmerzes, die teils durch Ueberreizung der Sinnesorgane, teils durch krankhafte Zustände in den Eingeweiden, Knochen, Zähnen u. s. w. hervorgerufen werden. Das Allgemeingefühl giebt uns die unmittelbarste Kunde von der Existenz unseres eigenen Körpers, sowie von dessen normalen und anormalen Zuständen. Die Schmerzempfindungen, welche es uns bereitet, verbittern uns zwar vielfach das Leben, sind aber sehr heilsame Winke, indem sie uns lehren, dass irgendwo in unserem Körper eine Gesundheitsstörung, eine Lebensgefahr vorhanden ist. Das Gemeingefühl ist also inderthat ein Lebenssinn, indem es uns am unmittelbarsten und eindringlichsten unser körperliches Wohl und Wehe zum Bewusstsein bringt, uns lehrt, was heilsam und schädlich ist, und uns also fortwährend zu einer vernünftigen Lebensweise ermahnt. Eine eigentümliche Stellung nimmt neben den sechs Sinnen das Temperaturgefühl mit seinen sechs Qualitäten, heiss, warm, lau, kühl, frisch, kalt, ein. In den meisten Fällen wird es durch äussere Einflüsse herbeigeführt, zuweilen aber, wie beim Fieberfrost und der Fieberhitze, durch innere Zustände des eigenen Körpers.

Indem wir nun so den Wirkungskreis unserer sechs Sinne ins Auge gefasst haben, wird es nicht schwer, die Reihenfolge ihres Wertes zu bestimmen.

Am höchsten stehen offenbar Gesicht und Gehör, die, wie wir gesehen haben, auf unsere Erkenntnis sowohl, wie auf Gemüt und Willen den entscheidendsten Einfluss haben. Die folgenden vier Sinne nennen wir deswegen auch die niederen Sinne. Sie sind zumteil bei den Tieren schärfer, als beim Menschen, namentlich der Geruch und das Tastgefühl. Der Hund folgt meilenweit der Spur seines Herren, und die Fledermaus, der man die Augen ausgestochen hat und die im Zimmer umherflattert, wird nie an eine Wand stossen. Sie fühlt, sobald sie sich derselben nähert, die Verdichtung der Luft. Auch das

Gesicht und das Gehör sind bei manchen Tieren noch ausgebildeter, als beim Menschen. Wir hören keinen Ton mehr, der unter 16 und keinen, der über 36,000 Schwingungen in der Sekunde macht. Freilich liegt die Empfindlichkeit des Auges zwischen 481 Billionen in der Sekunde für die rote und 764 Billionen für die violette Farbe, aber hier sind auch ihre Grenzen. Wer sagt uns aber, ob die entsprechenden Organe bei manchen Tieren nicht noch empfindlicher sind? Und warum sollte es nicht noch feinere und ganz andere Sinne geben können? Würden sie uns nicht Eindrücke zuführen, von denen wir jetzt kaum eine Ahnung haben?

Auf eine Beantwortung dieser Fragen müssen wir zurzeit verzichten, obgleich es mancherlei Erscheinungen gegeben hat, die unwillkürlich zu denselben drängen. Aber eine andere Frage tritt uns entgegen.

Alle Reize, die von ausser uns befindlichen Gegenständen und Erscheinungen auf unsere Sinnesorgane ausgeübt werden, haben nur eins gemein, die Bewegung. Bei dem ersten Sinnespaare, dem Gesicht und Gehör, sind es Schwingungen, Wellen, die das Licht und den Ton in uns erzeugen, bei den niederen sind es Stoffe, die durch die Luft uns zugeführt werden, und durch welche elektrische Strömungen in den Nerven entstehen. Selbst beim Tastsinn wird durch den Widerstand, den die Körper, welche wir berühren, uns leisten, ebenso wie beim Gemeingefühl eine Bewegung in uns hervorgerufen. Sie ist das Einzige, welches uns durch die Sinnenreize zugeführt wird. Nichts sagen sie uns dagegen von der innern Qualität der Dinge. Die Aetherschwingungen sind weder blau noch gelb, sie haben keine Farbe, kein Licht, keine Temperatur; die Schwingungen der Glocke sind weder laut noch leise, weder hoch noch tief. Von dem inneren Wesen der Dinge, die wir berühren, verrät uns das Tastgefühl nichts, ebensowenig der Geruch und der Geschmack über die chemische Beschaffenheit der gerochenen oder geschmeckten Körper. Wären unsere Sinne anders eingerichtet, so würde uns vielleicht der Rhabarber süss, der Zucker bitter, das Kochsalz alkalisch schmecken.

Noch weiter steht die Empfindungsqualität von ihrer Ursache ab, wenn infolge eines Druckes oder Schlages auf das Auge, oder von Blutandrang nach dem Gehirn, von Krankheiten der Netzhaut oder der Nerven Funken, Farbenbilder, leuchtende Ringe, hin- und herschwebende schwarze Punkte u. dergl. gesehen werden. In diesen Fällen kommen Lichtempfindungen durch Reize zustande, welche offenbar kein Licht sind. Ebenso hören wir nicht selten allerlei Geräusche und Klänge, ohne dass irgend ein Schallreiz auf das Ohr wirkt. So wachen wir im Einschlafen auf, wenn vielleicht ein Blutäderchen im Ohre geplatzt ist. Wir glauben einen Schuss zu hören, oder Glockengeläute, wenn das Blut nach dem Ohr dringt und dort ein Summen hervorruft. (Beiläufig bemerkt, nennt man dies Hallucinationen.) Jeder Sinn verarbeitet die empfangenen Eindrücke auf seine Weise und so kann eine und dieselbe Empfindung aus sehr verschiedenen Reizen und umgekehrt können aus demselben Reize sehr verschiedene Empfindungen entstehen. So erzeugt der gleiche elektrische Strom im Auge eine Licht-, im Ohr eine Schall-, auf der Zunge eine Geschmacksempfindung.

Hieraus geht hervor, dass wir die Aussenwelt so, wie sie an sich ist, nicht erkennen können, weil die Berichte unserer Sinne an sich unzuverlässig, im Einzelnen lückenhaft sind. Wenn wir glauben, wir sehen Gegenstände, so empfinden wir nur das, was der durch das Sinnesorgan übertragene Reiz in uns hervorruft. Wir können von der Welt also eigentlich nichts erkennen, als uns selbst oder die Veränderungen, die in uns vorgehen. Aber aus nichts leuchtet des Menschen höherer Geist so sehr hervor, als dass er diess einsieht und somit den Betrug ausfindig gemacht hat, den die Natur uns gewissermaassen hat spielen wollen.

Und hiermit kommen wir zu der Frage: Wo bleiben die Reize, die die Nerven von den Organen, von welchen jene empfangen sind, aufgenommen und in unser Inneres geführt haben? Die einfache Antwort ist: Sie werden dem Gehirne, in welches ja die Sinnesnerven münden, überliefert und von diesem der Seele. Aber diese Antwort sagt noch sehr wenig, denn wir können nicht durch unsern Schädel blicken und sehen, was dort vorgeht, noch weniger den Prozess verfolgen, durch welchen die Seele, die ja auch noch niemand gesehen hat, die Sinnesempfindungen aufnimmt.

Um hierin zu einigen Resultaten zu gelangen, beginnen wir mit dem frühesten Lebensalter des Menschen und fragen, wie das ganz kleine Kind sich verhält? Offenbar weiss es mit seinen Sinnen noch nichts anzufangen. Der erste, welcher sich in ihm bemerkbar macht, ist das Gemeingefühl, die Empfindungen des Hungers und des Uebelbefindens. Es schreit, wenn es von diesen geplagt wird; weiter kann es nichts thun. Fast unmittelbar darauf regt sich der Geschmack. Wird ihm anderes gereicht, als die gewohnte Milch, so wehrt es sich und versagt die Empfangnahme. Sein Auge unterscheidet zwar einigermassen dunkel und hell, und ein kräftiges Licht, ein glänzender Gegenstand ziehen seine Aufmerksamkeit besonders auf sich, ebenso wie ein plötzlicher starker Schall. Aber erst allmählich bilden sich in der Dämmerung, in der es sich befindet, bestimmte Linien dadurch, dass es immer wieder dieselben sieht; es sind die Züge des Mutterantlitzes, und vor allem kennt es daher seine Mutter zuerst, es sei denn die Flasche, die ihm vielleicht, mit Milch gefüllt, gereicht wird. So entwickelt sich ganz allmählich ein Sinn nach dem andern. Ihre Empfindungen treten mit einander in die engste Verbindung. Das Kind sieht, wie sich sein Händchen irgend einem Gegenstande nähert, fühlt die dabei stattfindende Muskelbewegung, erhält zugleich eine Tast-, unter Umständen auch eine Temperaturempfindung und lernt so seine Sinne gebrauchen, zu gleicher Zeit aber sich selbst von andern Gegenständen unterscheiden; denn wenn es im Bette sitzt und seine Füsschen in die Hand nimmt, bemerkt es, dass die Empfindung eine doppelte, in beiden Gliedmassen ist, während, wenn es einen andern Gegenstand berührt, nur eine einfache stattfindet; mit der Zeit erkennt es, dass der Fuss ihm angehört und nicht jemand anders.

Wir sehen also, dass die Sinne im Kinde sich nach einander und allmählich entwickeln, dass das Gemeingefühl und die Empfindlichkeit für Geschmacksreize mit ihm zur Welt kommen, dass aber das deutliche Sehen erst im Verlaufe einiger Wochen gelernt wird, während welcher sich auch die Netzhaut ausbildet. Hierauf entwickeln der Geschmackssinn und der Tastsinn eine bestimmte Unterscheidungskraft, aber erst im zweiten oder dritten Monat zeigt der Gehörsinn eine merkbare Erregbarkeit. Zuletzt von allen kommt der Geruchsinn, vielleicht erst am Ende des zweiten oder im Anfange des dritten Jahres, zur Thätigkeit. Die ziemlich späte Entwicklung des Gehörsinns begünstigt ohne Zweifel die Ruhe, den Schlaf, und also das leibliche Gedeihen des Säuglings; ist aber dieser Sinn erst einmal ausgebildet, so zeigt er eine sehr ausdauernde Regsamkeit, indem er beim Eintreten des Schlafes am längsten Wache hält und auch dem Sterbenden die letzten Eindrücke zuführt. So sagt Schiller:

> Er hört, schon kann er nicht mehr sehn,
> Die nahen Stimmen furchtbar krähn.

Nachdem aber sämmtliche Sinne sich zu regelmässiger, richtiger Thätigkeit entwickelt haben, müsste ein Chaos, eine ungeordnete Masse von Eindrücken in den Menschen einströmen, wenn in ihm nicht die Fähigkeit vorhanden wäre, dieselben in eine Einheit zu verschmelzen. Man erwäge nur, wie verschieden die Reize sind, welche ein einziger Gegenstand auf unsere Sinne ausüben kann. Das Gesicht erkennt den Apfel als farbig und rund, der Tastsinn als ausgedehnt und kühl, der Geschmack als sauer, der Geruch als wohlriechend; was macht aus allen diesen Eindrücken den Apfel? Die Seele ist es, welche die einzelnen Empfindungen gruppiert und mit einander verschmilzt. So entsteht in ihr ein Abbild des ausser ihr befindlichen Gegenstandes, und aus diesen Bildern in uns bauen und ordnen wir wieder die gesamte Aussenwelt. Gerade dadurch, dass dasjenige, was wir mit einem Sinne wahrnehmen, also sehen, auch durch andere Sinne bemerkt, also gefühlt, gerochen wird, drängt sich uns die Ueberzeugung von der Wirklichkeit seines Daseins so entschieden auf, dass uns kein Zweifel bleibt. Und wenn wir auch erkannt haben, dass unsere Empfindungen nur Symbole der Dinge sind, so sind es Symbole wirklicher Dinge, nicht blosse Einbildungen.

Hierbei ist es von der grössten Wichtigkeit, dass die Seele die empfangenen Eindrücke festhält. Der Spiegel zeigt uns unser Antlitz nur, so lange wir vor ihm stehen. Das Klavier bringt nur so lange Töne hervor, als auf ihm gespielt wird. Die Seele aber bewahrt die Eindrücke in sich auf. Wären es nur die Gehirnzellen, denen die Nerven die Sinnesreize zuführten, welche sie in sich für eine Zeitlang aufnähmen und bewahrten, etwa wie in einem schwach elastischen Körper ein Eindruck einige Zeit bleibt und dann allmählich wieder verschwindet, so könnten wir keine Vorstellung, die wir in uns aufgenommen haben, länger als etwa sieben Jahre behalten, denn in einem solchen Zustande wird, wie man annimmt, der menschliche Körper durch den Abgang der Stoffe, aus denen er besteht, vollständig erneuert. Auch wäre es unbegreiflich, wie diejenigen Vorstellungen, welche wir in unsere Seele bereits aufgenommen haben, oft nach längerer Zeit durch Hinzutreten anderer verändert, verbessert, vervollständigt werden können. Dass dies aber geschieht, ist zweifellos, denn wenn auch der Knabe, der Jüngling, der Mann und der Greis anders über dieselbe Sache denken, d. h. sie anders beurteilen, wenn das, was uns in dem einen Lebensalter bedeutend und wünschenswert erschien, in einem andern gleichgültig und unwichtig ist, so bezieht sich dies doch nur auf die Wertschätzung desselben, während es selbst, wenn auch, wie gesagt, modifiziert, doch in uns beharrt, ohne durch stoffliche Veränderung zu verschwinden.

Wohl aber findet in der Seele ein steter Wechsel zwischen Thätigkeit und Ruhe statt, der jedoch nicht ein Wechsel zwischen Sein und Nichtsein ist. Denn die einmal entstandenen Empfindungs- und Wahrnehmungsgebilde erhalten sich auch dann noch im innern Bewusstsein, wenn sie nicht mehr erregt, aktiv, also nicht mehr offenbar, bewusst, sind; sie beharren dann als latente, regungslose Kräfte, als das verborgene, (unbewusste) Eigentum des Geistes. Namentlich treten sie zurück, wenn andere, kräftige Eindrücke auf uns eindringen, die unser Bewusstsein für eine Zeitlang gänzlich in Anspruch nehmen. Verlieren diese an Stärke, so erscheinen jene wieder. Ebenso werden ältere, verdunkelte Eindrücke wieder hervorgerufen durch neue, welche ihnen verwandter sind, als den jüngern. Dies kann zufällig aber auch absichtlich geschehen. So können wir tiefe Trauer, bittern Seelenschmerz zurückdrängen, wenn wir unsere Aufmerksamkeit mit Gewalt auf ganz entgegengesetzte Dinge richten, uns zerstreuen, wie man sagt, und mit vollem Rechte heisst es, dass Arbeit der beste Tröster sei. Ebenso können wir uns auf etwas, das wir vergessen haben, wieder besinnen, wenn wir die Fäden suchen, die zu ihm führen. Denn unsere Seele gruppiert, wie schon bemerkt, die aufgenommenen Vorstellungen. Dies geschieht auf mehrerleiweise, entweder nach der Aehnlichkeit, oder nach dem Kontraste, in dem sie zu einander stehen, oder drittens nach der Gleichzeitigkeit, mit welcher sie in das Bewusstsein treten, oder endlich nach der Reihenfolge, in welcher dies geschieht. Wenn wir bei einer eifrigen Beschäftigung nach der Uhr sehen, so denken wir bei der

Fortsetzung der Arbeit nicht wieder daran, wie viel sie zeigte, erinnern uns aber sofort wieder, wenn wir zum zweiten male sie anblicken. Das ist das Gesetz der Aehnlichkeit. Das des Kontrastes tritt bei dem verlorenen Sohn ein, der in seinem Elend sich der glücklichen Zeit erinnert, da er noch bei dem Vater war. Stockt der Schüler beim Aufsagen der Lektion, so fängt er wieder von vorn an nach dem Gesetz der Reihenfolge, und kehren wir nach langer Abwesenheit in unsere Heimat zurück, so erinnern uns, nach dem Gesetze der Gleichzeitigkeit, die Strassen und die Häuser an die Personen, die wir in denselben sahen, und die Ereignisse, die wir in ihnen verlebten. Vorzüglich in den besten Lebensjahren, wie man sagt, im Jünglings- und Mannesalter, treten die Eindrücke massenhaft und kraftvoll an uns heran und drängen diejenigen der Kindheit zurück. Aber mit den Jahren werden sie matter und verblassen und siehe, alte Erinnerungen aus unserer Kinderzeit tauchen wieder auf und stellen sich klarer und immer klarer wieder vor unser inneres Auge.

Wir können uns also an dasjenige, was wir in unserm Geist aufgenommen haben, erinnern, und wir werden es um so leichter thun, je tiefer es in unsere Seele eingeprägt ist. Dies geschieht auf verschiedene Weise. Die Kraft, mit welcher die Eindrücke in das Bewusstsein eindringen, ist nicht immer die gleiche. Viel hängt von der Bedeutung ab, welche sie haben, manches von der Schnelligkeit, mit welcher sie an uns herantreten. Plötzliche, unerwartete können unser Bewusstsein für kurze Zeit dermassen in Anspruch nehmen, dass es für alle andern unempfindlich wird. Ein Schrei kann so auf uns wirken, dass wir nicht sehen und nicht hören; eine unerwartete Mitteilung fesselt uns dermassen, dass wir an nichts anderes denken. Gewöhnlich ist aber ihre Dauer eine beschränkte, sie werden bald wieder zurückgedrängt und verschwinden im Gedächtnisse, obgleich es auch Ausnahmen giebt, wenn die Erregung eine ungewöhnlich starke war. Standhafter sind meistens die, welche langsam, aber sicher in uns eindringen, namentlich wenn sie sich öfter in unveränderter Weise, unter möglichster Fernhaltung andersartiger oder gar entgegengesetzter, wiederholen. Das merken wir beim Auswendiglernen, auch beruht die Erfahrung zu einem wesentlichen Theile darauf. Wie wir so unser Gedächtnis zu einem Werkzeuge machen können, welches uns immer zu Gebote steht, erkennen wir zugleich, dass die Kunst des Erziehers zu einem wesentlichen Teile auf der Gewöhnung beruht, die ja auch nichts anderes ist, als die Wiederholung derselben Handlungsweise, so dass, wenn sie streng auf das Rechte und Gute gerichtet wird, sich dieses so fest in der Seele des Kindes einwurzelt, dass es zuletzt seine Natur wird.

Aber wenn wir uns beliebig erinnern können, vermögen wir auch zu vergessen? Wir haben gesehen, dass die Eindrücke auch gegen unsern Willen in uns eindringen und sich im Bewusstsein einwurzeln. Wenn etwas zu uns gesagt wird, während wir unsere Aufmerksamkeit fast auf etwas ganz anderes gerichtet haben, so hören wir es scheinbar gar nicht; ja wir sehen in solchen Augenblicken auch nicht. Werden wir dann aber schnell in unsern Gedanken gestört, so vermögen wir doch das Gesehene und Gehörte zurückzurufen. Wie oft ereignet es sich nicht, dass ein Schüler auf eine allgemein gestellte Frage gar nicht achtet, sondern mit seinen Gedanken weit umherschweift, aber sobald sein Name genannt wird, die Frage zu wiederholen, sich aufrafft, das soeben in sein Ohr eingedrungene und ohne sein Wissen in das Bewusstsein Aufgenommene gleichsam zurückruft und nach einigen Augenblicken das Verlangen des Lehrers erfüllt. So stehen sich Aufmerksamkeit und Geistesabwesenheit gegenüber und zeigt es sich deutlich, dass wir den Sinneseindrücken nicht verbieten können, in unser Bewusstsein einzudringen, wenn das betreffende Organ sie einmal aufgenommen hat. Was aber einmal in der Seele sich ordentlich festgesetzt hat, das bleibt lange, vieles stets darin. Nicht immer gelingt es, dasselbe wieder zum v o l l e n Bewusstsein zu rufen und häufig müssen wir bekennen, dass wir etwas vollständig vergessen haben, und kein Mittel oder Kunstgriff imstande ist, es in uns wieder lebendig zu machen. Aber a b s i c h t l i c h die Seeleneindrücke zu töten gelingt uns nicht. Anhaltende Thätigkeit, Beschäftigung mit Dingen entgegengesetzter Art, rauschende Zerstreuungen vermögen sie zu verdunkeln und wenigstens für einige Zeit dem Anscheine nach verschwinden zu machen, aber in ruhigen, ungestörten Augenblicken treten sie oft und leicht wieder hervor. So erscheinen dem Verbrecher seine Thaten immer wieder, so sehr er wünscht, die Erinnerung an sie von sich abzuschütteln, und die Stille der Nacht macht diese für ihn zur schrecklichen Hälfte des Tages.

Nicht einmal der Schlaf schützt ihn. Allerdings ist er eine Unterbrechung des Bewusstseins, wie der Tod das gänzliche Verschwinden desselben. Die physischen Ursachen des ersteren sind noch nicht genügend bekannt; p h y s i s c h unterscheidet er sich dadurch vom Wachen, dass wir während seiner Dauer k e i n e V o r s t e l l u n g e n haben und eigentlich auch nicht e m p f i n d e n, weil beides nur im wachen Bewusstsein geschieht. So finden wir nie einen Traum vor, wenn wir aus tiefem Schlafe plötzlich geweckt werden. Aber ehe wir in denselben verfallen oder beim allmählichen Erwachen hat ein Zwischenzustand, der Halbschlummer, statt. Dann drängen sich stärkere mit solcher Kraft in das Bewusstsein, dass wir uns ermuntern und aufwachen. Auf schwächere antwortet es mit halber Thätigkeit. Aber die Aufmerksamkeit ist nicht a n g e s p a n n t, daher knüpfen sich an den Sinnenreiz andere in irgend einem Zusammenhange stehende Eindrücke, die nicht vom Geiste geregelt werden; beliebig tauchen die Vorstellungen in uns auf; von einer Reihe springen sie in eine andere über, wir t r ä u m e n. Vor allem sind die Gesetze des Raumes und der Zeit, die beim Wachen unser Denken vollständig beherrschen, ohnmächtig. Daher entstehen in unserm Bewusstsein die wunderlichsten Gebilde und in kürzester Frist durchleben wir Jahre. Zuweilen wird die Thätigkeit des Geistes, welche vor dem Einschlafen geübt wurde, fortgesetzt und wir finden die Lösung philosophischer und mathematischer Probleme. Leider können wir uns am folgenden Tage nicht auf sie besinnen und wissen nur gewiss, dass wir sie gehabt haben. Ebenso findet der Hungernde Trost, indem er vor einem reichbesetzten Tisch, der Kranke, wenn er von seiner vollen Gesundheit träumt. Häufig sind es aber auch nur Reize, die auf die Sinnesnerven wirken, namentlich auf das Gehör, das ja, wie schon bemerkt, am spätesten seine Thätigkeit einstellt, und die uns allerhand phantastische Gebilde vorführen. So wird das Ticken der Uhr zu einer Melodie, das Knacken eines Tisches zum Kanonendonner, der Druck auf einzelne Nervenstämme zum Gefühle, gefesselt zu sein, zum sogenannten Alpdrücken.

Wir haben in einem kurzen, begreiflicherweise weder eingehenden noch erschöpfenden Ueberblicke gesehen, wie das Bewusstsein im Menschen erwacht, zeitweilig gestört und wieder geweckt wird. Namentlich war dabei auf seine Thätigkeit Gewicht gelegt, soweit sie auf den Vorstellungen beruhte, welche uns durch Sinnenreize zugeführt werden. Nur ganz kurz soll zum Schlusse auf diejenige hingewiesen werden, die uns durch den Geist und seine Denkkraft vermittelt wird, und auf welcher wesentlich der Unterschied des Menschen vom Tiere beruht. Im Kinde erwacht sie erst mit dem dritten Jahre, denn dann erst kommt es zum Bewusstsein von sich selbst. Bis dahin spricht der Knabe, wie er es von andern hört: Karl will dies, Karl will das haben. Von jenem Lebensalter an beginnt er, die eigene Person anderen gegenüber zu stellen und das Ich dem Du und Er entgegenzusetzen. Aber seine geistige Reife muss sich noch viel mehr ausbilden, ehe er zum S e l b s t b e w u s s t s e i n kommt. Diese Gruppe zusammengehöriger, auf das eigene Ich bezüglichen Vorstellungen, ist die grösste, welche wir zu bilden vermögen. Freilich ist sie nur ein Ideal, das nie vollständig verwirklicht wird.

Denn in keinem Augenblicke sind wir mehr als ein Bruchstück unseres gesamten Seins; unser Ich ändert sich stets, und das, was bleibt, taucht mannigfach wechselnd auf und unter. Unsere Vergangenheit und was wir in derselben waren, liegt nur lückenhaft vor uns, unsere Zukunft ist uns verschlossen. Nur der ununterbrochene Zusammenhang der Reihe unserer Selbstentwicklung, vermöge dessen jede neue Lebensstufe mit der vorausgegangenen verknüpft ist, giebt einem jeden die Ueberzeugung, dass er derselbe sei trotz allem Wechsel. Schwere Krankheiten mit lang andauernder Bewusstlosigkeit können diese Ueberzeugung erschüttern, aber wir gewinnen sie zurück und erkennen uns in unsern Empfindungen, Vorstellungen, Bestrebungen, Eigenschaften immer wieder. Und wenn unsere Einbildungskraft uns zuweilen träumen lässt, wir wären andere, als wir sind, wenn unser Beruf uns vielleicht zwingt, uns gewissermassen ausser uns zu versetzen, wie der Richter wohl zuweilen anders urteilen muss, als er seinem Ich gemäss sonst thun würde, so kehren wir doch immer wieder zu uns selbst zurück, und nur der Mensch, der an Geisteskrankheit leidet, vergisst sein eigenes Ich und versetzt sich dauernd in ein anderes. So bildet das Selbstbewusstsein unsere Person, die als Selbstständiges in der Welt dasteht und selbst wieder eine kleine Welt ist. Die Kenntnis dessen, was wir vermögen, der Kräfte, die in uns liegen, können allerdings dieses Selbstbewusstsein zur Ueberhebung, ja zum Dünkel steigern; zu bedauern aber ist immer der, welchem es ganz oder zumteil fehlt, und Selbsterkenntnis bleibt immer die wichtigste Aufgabe des Menschen.

Und noch ein anderes finden wir in unserm eigenen Innern, das höchste von allen, das Gottesbewusstsein. Aber während wir das Selbstbewusstsein psychologisch ergründen können, bleibt sein Ursprung trotz aller versuchten Deutungen dunkel, und wir vermögen sie nirgends anderswo zu finden, als bei ihm selbst, der Quelle alles Lichts und aller Wahrheit, der dem Menschen schon bei seiner Erschaffung den göttlichen Odem einblies.

II. Das eigene Ich.

Das Kind und der Naturmensch sieht in dem Ich nur den eigenen Leib und betrachtet diesen als ein Aussending. Daher sprechen kleine Kinder von sich selbst nur in der dritten Person und es währt ziemlich lange, bis sie dahin gelangen, das Ich zu gebrauchen. Aber auch für den Erwachsenen nimmt der Leib eine ausgezeichnete Stellung ein, denn er ist der Sammelplatz einer grossen Menge von Empfindungen, die sich teils unmittelbar auf dasjenige beziehen, was im eigenen Körper vor sich geht, teils auf die Aussendinge, von denen wir durch ihre Einwirkung auf unsere Sinne eine mittelbare Kenntnis erhalten. Diesen setzt sich also der Leib als ein Innending entgegen. Er ist ferner der Mittelpunkt unserer jeweiligen räumlichen Orientierung. Denn alle Beurteilung derselben hängt wesentlich davon ab, ob ich sie vor oder hinter, neben, über oder unter mir bemerke, und jede Veränderung meines Standortes verändert auch sämtliche Entfernungen der Aussendinge, während die Ortsveränderung irgend eines von diesen nur eine einzige Distanzlinie ändert, auf die übrigen aber ohne Einfluss bleibt. Wenn ich einem Stuhl in meinem Zimmer einen andern Platz gebe, so bleibt mein Ortsverhältnis zu allen übrigen Möbeln dasselbe; wenn ich mich aber umdrehe, so wird dasselbe völlig verschoben: was rechts von mir war, wird links, was hinter mir, ist jetzt vor mir. — Der Leib unterscheidet sich aber auch noch dadurch von den Aussendingen, dass uns über ihn eine unmittelbare Herrschaft zusteht, die von unserem Willen abhängt, indem wir, inneren Antrieben folgend, ihn unmittelbar bewegen, während wir bei den Aussendingen hierzu nur mittelbar, nämlich durch unsere Gliedmassen, imstande sind. — Ich übergehe die übrigen minderwertigen Momente, weswegen wir unsern Leib in erster Linie als unser eigenes Ich anzusehen gewohnt sind. Diese Anschauung wird aber noch mehr dadurch befestigt, dass allmählich zu ihm einzelne Aussendinge hinzutreten, welche sich entweder eng an ihn anschliessen, oder die Herrschaft des Ich über die Aussenwelt ebenso kräftig vermitteln, wie die eigenen Gliedmassen. Zu jenen zählen sich zunächst Kleidung und Schmuck, ohne welche wir unsern Leib gar nicht zu denken vermögen. Handelte es sich nur darum, ihn vor den Unbilden der Witterung zu schützen, so wäre dies sehr natürlich, aber es tritt zugleich das Betreben ein, ihn höher, breiter, umfangreicher und kräftiger erscheinen zu lassen und ihm eine höhere Würde zu verleihen. Daher das Tragen von Cylinderhüten, die der Leibeslänge einige Centimeter zusetzen, von weiten Aermeln, von faltigen, abstehenden Kleidern, von Schleppen, von hohen Absätzen, hohen Schultern, Epauletten. Alles muss diesem Zwecke dienen, von andern Sonderbarkeiten in der Herren- und Damentoilette, die sich der Erörterung entziehen, abgesehen. Und warum schmücken sich die Menschen? Warum ist die Putzmacherin für die Damenwelt eine so wichtige Persönlichkeit? Wie ist man überhaupt darauf gekommen, sich zu putzen? Ist es eine Nachahmung? Etwa der Tiere? Nun wohl, auch die Katze und der Kanarienvogel, ja selbst die Gans putzen sich, aber sie thun dies doch nur in dem Streben nach Reinlichkeit. Der Mensch aber schlägt einen ganz verschiedenen Weg ein, denn das Tier befreit sich von etwas ihm Anhaftendem, er aber legt sich etwas an, abgesehen vom Haarschneiden und Bartstutzen. Der Wilde tätowirt oder bemalt sich, was ja auch in Deutschland vorkommen soll: der höher stehende civilisierte Mensch lässt sich frisieren, ja er bedeckt sich mit einer Menge von Gegenständen, die absolut als Kleidung überflüssig sind, wohl aber die Fähigkeit besitzen, zu verbergen, was man nicht sehen lassen will, oder die Aufmerksamkeit auf das zu lenken, von dem man wünscht, dass es gesehen werde, meistens auf das ganze liebe Ich. Kann dies in geschickter Weise erreicht werden, so dass es gleichsam unabsichtlich geschieht, so findet es allgemeinen Beifall, denn es ist ein grosser Unterschied zwischen einer Dame, die sich geschmackvoll kleidet, und einer solchen, die sich aufdonnert. Jean Paul sagt: Die Dümmsten putzen sich am meisten; so sind die dümmsten Tiere, die Insekten, am buntesten. Aber das gilt nicht für das weibliche Geschlecht, denn es ist unbestritten, dass es diese Kunst begriffen hat und beherrscht, während die Männerwelt allerdings darin weit zurück ist. Man erwäge nur den hohen Hut, die Bartkoteletten, die langen, unten umgekrempelten Beinkleider, und endlich gar den Frack, der den Mann in die Mitte zwischen den Affen und den Menschen stellt. Aber das Putzen zieht die Aufmerksamkeit auf sich, und wenn dies alles nicht hilft, dann müssen Gold und Edelsteine nachhelfen.

Doch ich bin in Gefahr, von meiner Aufgabe abzuschweifen, und lenke daher sofort ein, indem ich mir einen Einwand, der mit Recht erhoben werden kann, für später verspare. Zu den Bestrebungen, das leibliche Ich, die Persönlichkeit zu heben, gehört es, wie schon angedeutet, auch, durch allerlei äusserliche Dinge, wie Waffen, Instrumente, Tiere, die Kraft und Befähigung des Körpers zu vermehren, sie also als Attribute des Ichs demselben zuzurechnen. Der Soldat zählt sein Gewehr, der Reiter sein Ross, der König Szepter und Krone zu seinen Attributen, denn dem Reiter dienen die Muskelkräfte seines Pferdes wie die seinigen, und eine gute Handwaffe ist wirksamer, als die mächtigste Faust. Daher haben gewisse Gegenstände, z. B. der Stab, der eine beliebige Fortsetzung des Armes ist, eine besondere Bedeutung, wie das schon genannte Szepter, der Marschallstab und der Taktierstock, selbst der kleinste Knabe fühlt sich gehoben, wenn er den ersten Spazierstock zum Geburtstage erhält. Alle derartige Gegenstände erhöhen das Selbstgefühl des Menschen, und ganz besonders thut dies das Eigenthum, das Vermögen. Der Arme, wenn er noch so robust ist, erscheint schwach dem gegenüber, der eine mit Banknoten gefüllte Brieftasche bei sich trägt. In noch viel bedeutenderem Grade aber ist das geistige Vermögen, das Können und Wissen, als eine Erweiterung der Persönlichkeit anzusehen, um so mehr als es dieser nicht, wie der Reichtum, zu nehmen ist. Daher auch der Wunsch so vieler Menschen, einen Titel zu haben, der dies bezeichnen soll, und wäre es auch nur Rat siebenter oder achter Klasse.

Aber das eigene Ich ist mehr als der Leib des Menschen und es handelt sich darum, zu ergründen, was es denn eigentlich ist.

Körperempfindungen werden im Leibe lokalisiert, d. h. wir wissen oder nehmen wenigstens an, wo dieselben ihren Grund und Ursprung haben. So sprechen wir von Zahnweh, verlegen den Hunger in den Magen. Sinnliche Wahrnehmungen dagegen projizieren wir nach aussen, d. h. wir bestimmen den Ort, von wo sie ausgehen. Ich sehe die Sonne, ich rieche die Rose, obgleich die Empfindung in meinen Augen und in meiner Nase ist. Anders verhält sich die Sache aber bei den Reproduktionen oder den Vorstellungen im engeren Sinne, wie wenn ich mich an den Anblick einer schönen Gegend erinnere, oder mir vorstelle, was jetzt meine Lieben in fremden Gegenden thun, oder mir ausmale, wie ich meine Sommerferien geniessen will. Hier kann ich weder lokalisieren, denn meine Gedanken sitzen nicht im Zahn oder im Magen, noch projizieren, denn ich nehme nichts davon mit meinen Sinnen wahr, sondern ich muss mich fragen: Wo befinden sich denn eigentlich die Dinge, die ich mir vorhalte. In der Aussenwelt, so weit ich sie mit meinen Sinnen wahrnehme, gewiss nicht. Diese Dinge befinden sich in meinem Kopfe.

Der Kopf, oder sagen wir, das Gehirn, oder noch richtiger die Seele, ist der Sammelplatz aller unserer Vorstellungen. Alle Reize, die wir von aussen empfangen, alle Empfindungen des Körpers verknüpfen wir in Reihen, entweder nach ihrer Aehnlichkeit oder nach ihrer Gleichzeitigkeit. Durch diese Verknüpfung wird es uns möglich, uns an etwas zu erinnern und auf etwas zu besinnen. Der Gang eines Menschen erinnert uns an einen Freund, der einen ähnlichen hat. Wollen wir uns ein Ereignis ins Gedächtnis zurückrufen, so fragen wir uns, was etwa gleichzeitig geschah. Dadurch kommt unser Denken in eine bestimmte Reihe, der das Gesuchte auch angehört. Diese Reihen laufen durch einander, wie ein künstliches Gewebe. Die Knotenpunkte bilden Centralstellen, aus denen Hauptreihen zu höheren Centralstellen laufen, und von diesen wieder höhere zu einem einzigen Mittelpunkte. Dadurch wird es erreicht, dass alle unsere Vorstellungen zu einander in Verbindung stehen und eine strenge Einheit sich herstellt, gleich dem Regierungsapparate eines wohlgeordneten Staates. Dieser Vereinigungspunkt aller nicht ausdrücklich nach aussen projizierter Vorstellungen ist aber nicht ein realer, so dass man angeben könnte, wo er im Menschen sitzt, sondern ein idealer. Alle unsere Vorstellungen drängen sich um diesen Punkt, alle Vorstellungsreihen gehen von ihm aus und kehren zu ihm wieder. Dieser ideale Punkt ist das reine Ich des Menschen.

Nun ist aber ein Punkt eigentlich etwas Leeres, Inhaltloses. Daher kann ein Mensch auf die Frage: Wer bist du? im Grunde nichts anderes antworten, als: Ich bin der, der ich bin. Nichts würde also mehr in das Wesen eines Menschen eingreifen, als wenn er, wie es wohl im Lustspiel vorkommt, plötzlich gleich dem verwunschenen Prinzen oder Meister Andrea ein anderer sein soll, als der er war, und jener betrunkene Hausknecht, den man schöne Kleider angezogen hatte und als Herr Doktor anredete, konnte nicht wohl anders sagen, als: Fragt einmal im roten Löwen nach, ob der Hausknecht da ist. Wenn dies der Fall ist, bin ich Herr Doktor. Zeitweilig kann ein Mensch sich wohl in ein anderes Ich hineindenken, sprechen und handeln, wie wenn er nicht er selbst wäre. Das thut z. B. der Träumer, und ist die Aufgabe eines Schauspielers. So lange sie einsehen, dass dies nur künstlich geschieht, hat es auch keine Bedenken. Schlimm aber ist es, wenn der Mensch das fremde und das eigene Ich nicht auseinander halten kann, dieses vergisst und ganz in jenes aufgeht. Dann ist er dem Wahnsinn verfallen. Hypnotismus und ähnliche Dinge scheinen nahe daran zu grenzen.

Wir haben erkannt, dass das Ich eigentlich ein leerer Punkt ist. Wenn aber der Mensch ein Selbstbewusstsein haben soll, so muss er sich doch sein Ich vorstellen können. Er füllt es also durch bestimmte Vorstellungen aus, und zwar die stärksten und bedeutendsten, die an ihn herantreten. So ruft der durch schwere Schicksale gebeugte Mensch aus: Ich Unglücklicher! Der Geizige: Ich Reicher! Derjenige, welcher einen Mord begangen hat, mag sein Ich nicht anders denken, als unter dem Ausdrucke: Ich Mörder! Aber auch derjenige, welcher durch seinen Humor und seine Schnurren eine ganze Gesellschaft belebt hat, sagt beim Nachhausegehen, vergnügt die Hände reibend: Ich bin doch eigentlich ein famoser Kerl. —

Doch ziehen wir uns wieder auf unser eigenes Ich zurück und betrachten seine Thätigkeit etwas eingehender. Wir können diese als eine dreifache bezeichnen. Es nimmt alle Eindrücke von äusseren oder inneren Wahrnehmungen auf; es empfindet zweitens den spezifischen W e r t eines jeden, und übt drittens eine Rückwirkung auf seine Organe aus, indem es b e g e h r t oder w i l l.

Alles, was unsere Sinne reizt und durch die Organe derselben und die Nerven in das Gehirn und von da in die Seele geführt wird, dessen werden wir uns bewusst, indem es von uns aufgenommen wird. Jeden Eindruck legen wir, wie ein gewissenhafter Sammler, in das Fach, wohin es gehört; wir ordnen ihn in die Reihe der ihm verwandten Eindrücke ein und vervollständigen diese dadurch, indem wir ihn zugleich berichtigen. Denn wenn wir beispielsweise zum ersten Male ein Zebra sehen, ordnen wir es sofort in die Reihe der Einhufer, bemerken aber auch, dass es vom Pferde und vom Esel, die wir schon kennen, verschieden ist und berichtigen dadurch den Begriff, den wir von dem erblickten Tiere empfangen haben.

Nun ist aber das Mass der Aktivität oder Regsamkeit, mit welcher dieses geschieht, sehr verschieden. Bei dem einen Menschen vollzieht es sich langsam, bei dem andern rasch; bei diesem haften die empfangenen Eindrücke lange, bei jenen verfliegen sie schnell. Das kleinere Kind hat die lebhafteste Empfänglichkeit für äu s s e r e Eindrücke; aber die geistige Befähigung, sie in geregelter Weise in das Bewusstsein aufzunehmen, fehlt ihm doch, und daher v e r g i s s t es leicht und schnell. In reiferen Jahren und im höheren Alter wird aus mannigfachen Ursachen die Erregbarkeit schwächer. Das weibliche Geschlecht scheint von der Natur auf grössere Lebhaftigkeit angelegt zu sein, als das männliche, aber durch Gewohnheit und Erziehung wird es früher veranlasst, an sich zu halten und Gefühle und Neigungen wenigstens nicht offen hervortreten zu lassen. Sehr grosse Unterschiede in der Erregbarkeit rufen auch die mannigfaltigen Triebe hervor, die in dem Menschen walten, auf- und absteigend, sich immer bekämpfend und um die Herrschaft ringend, wie der Spieltrieb (eigentlich ein Nachahmungstrieb) bei den Kindern, der Bewegungstrieb, welcher zum Reisen, zum Tanzen, zum Turnen anregt, der Erwerbstrieb, der Forschungstrieb, und alle die anderen, die in unserer Brust leben und mehr und minder heftig nach Befriedigung verlangen. Jeder Eindruck, der ihnen entspricht, erregt in höherem Grade, und darum sagt der Eine: dass interessiert mich gar nicht, während der Andere in Feuer und Flammen gerät, obgleich sich die beiden im Allgemeinen dieselbe

Erregbarkeit besteht. Wie verschieden wirken nicht Fragen der Politik, besonders der Parteipolitik, das Steigen und Sinken der Kurse, auf den Einen und den Andern! Wie eingehend erörtern nicht Hausfrauen die Dienstmädchenfrage, während die Verlobungen bei jungen Mädchen das allerhöchste Interesse zu erregen pflegen. So ist das Wärme- und Kraftmass der Erregbarkeit bei jedem Menschen ein anderes. Ganz besonders sind in dieser Beziehung die nationalen Unterschiede ausgeprägt. Die romanischen und südwest-europäischen Völker sind durchaus lebhafter und aufgeregter, als die germanischen, und es soll in Palermo und Neapel in der Kirche unruhiger und lärmender hergehen, als in Amsterdam oder Christiania im Theater oder bei öffentlichen Festlichkeiten.

Von diesem Maass der Erregbarkeit ganz und gar verschieden ist das der Empfäng-lichkeit für Lustgefühle, der inneren Anlage für eine befriedigte und heitere Gemüts-stimmung. Personen gleicher Lebendigkeit oder gleichen Phlegmas können darin weit von einander abweichen, dass die einen zum Frohsinn, zur Hoffnung, zur Zufriedenheit mit den Gaben des Weltlaufs gestimmt sind, die andern zum Ernst und Missmut, zur Sorg-lichkeit, zur beständigen Kritik und Verkleinerung des Wertes von allem Dargebotenen. Denn es wollen ja alle Menschen ohne Ausnahme glücklich sein und begehren von Natur eine ununterbrochene Reihe von Lustgefühlen. Dies wichtige Merkmal des Temperaments zu bezeichnen, fehlen der deutschen Sprache einfache Ausdrücke; sie muss sich zu schwer-fälligen Umschreibungen flüchten, wie: der leicht oder schwer in seinen Ansprüchen an die gebotenen Reize zu Befriedigende. Der bekannte Philosoph Schopenhauer hat zwei Aus-drücke dafür empfohlen, welche den Griechen entlehnt sind. Eukolos hiess bei ihnen der-jenige, welcher leicht bei Tisch zu haben, mit dem Essen zufrieden zu stellen ist, Dyskolos der Kostverächter, der am dargebotenen Essen immer noch etwas auszusetzen hat. Diese Bezeichnungen werden dann auf den allgemeinen Gegensatz derer erweitert, welche das Leben leichter oder schwerer nehmen, den Gaben oder Prüfungen, welche das Schicksal ihnen darbietet, eine bescheidenere oder anspruchsvollere Erwartung entgegen bringen. Es giebt kaum irgend ein physisches Moment, vom welchem unser ganzes Lebensglück, unsere gesamte Stellung zur Gesellschaft mehr abhinge. Schon in der Fähigkeit, körper-liche Schmerzen zu ertragen, besteht eine grosse Verschiedenheit. Ein Knabe hat grosse Furcht vor Schlägen, der andere schüttelt sie leicht ab. Für den einen Erwachsenen ist eine Zahnoperation ein entsetzliches Ereignis, für einen anderen nur eine Unannehm-lichkeit. Im allgemeinen ertragen die Frauen Krankheit und Schmerzen leichter, als die Männer, und sind diese das wehleidigere Geschlecht. — Das sind Unlustgefühle, aber es verhält sich mit den Lustgefühlen ebenso. In Kunst und Dichtung fällt dem einen das Schöne und Ansprechende zuerst in die Augen und er übersieht die Mängel: der andere sucht so lange nach den Unvollkommenheiten, dass er die Vorzüge unbeachtet lässt. Man braucht nur ein Theaterpublikum zu beobachten, um dies bewahrheitet zu sehen. Und selbst bei den Gemütsaffektionen tritt dies ein. Der Vater, der sein Kind verliert, kann bald zu ruhiger Fassung und milder Wehmut gelangen, und wäre er auch voll Zärtlichkeit für dasselbe gewesen, so lange es lebte, während ein anderer, dem es nie etwas recht machen konnte, untröstlich bleibt. Begreiflicherweise zeigen sich diese Unterschiede auch in der Gemüts-stimmung, ob jemand mehr zur Heiterkeit oder zum Ernst, zum Frohsinn oder Missmut, zur Hoffnung oder zur Besorgnis angelegt ist. Der Eukolos nimmt nie einen Regenschirm mit sich, der Dyskolos geht nie ohne einen solchen aus. Liegt dies nun an den Objekten, an den einzelnen Fällen, den Gegenständen selbst? Keineswegs, der Unparteische wird das verschiedene Verhalten gar nicht begreifen, es hat seinen Grund also in dem Ich.

Wird nun diese Eukolie oder Dyskolie auf die allgemeine Ansicht von Welt und Leben übertragen, so entsteht der bekannte Gegensatz von Optimismus und Pessimismus.

Es wäre nun aber im höchsten Grade unbillig, wenn wir blos jenen als berechtigt anerkennen, diesen als Verirrung oder gar als Krankheit betrachten wollten. Die von den Zuständen der Gegenwart unbefriedigten Geister sind auch diejenigen, welche das Vorhandene nur deshalb gering achten, weil sie von einem hohen Ideale geistiger und sittlicher Vollkommenheit erfüllt sind. Je höher der Massstab ist, an dem sie die Gegenwart messen, desto unzulänglicher muss sie erscheinen. Daher finden wir unter den Pessimisten auch die Idealisten, die von jeder erreichten Stufe vorwärts drängen und immer noch Besseres herbeizuführen streben, und eigentlich müsste jeder edle und tüchtige Mensch, der etwas Rechtes zu leisten bestrebt ist, auch etwas Pessimismus in sich tragen. In dieser Erwägung können wir uns auch den Realismus erklären, der jetzt auf unserer Bühne sich sein Gebiet erobert, und dem selbst edle Dichter sich hingeben. Die nackte Darstellung des Unvollkommenen und Hässlichen soll das Verlangen nach Besserung erwecken, und auf das Ideale hinweisen, so hat auch sie ihre Berechtigung. Diese fehlt aber dem Pessimismus, der jede bessere Zukunft verwirft und das baldige erlöschen alles Bestehenden voraussetzt.

Wollen wir nun aber die Mannigfaltigkeit der physischen Thätigkeit unseres Ich recht verstehen, so müssen wir drittens untersuchen, wie es sich bei allem, was in ihm vorgeht, wie auch bei seinem äusseren Wirken, sei es beim Urteilen oder beim Handeln, als Herrschaftspunkt darstellt und behauptet. Im allgemeinen ist es bei den einzelnen Vorgängen so von ihnen erfüllt, in sie versenkt und mit ihnen verschmolzen, dass nur ausnahmsweise ein deutliches und bewusstes Sichunterscheiden stattfindet. Wer denkt denn in jedem Augenblicke, bei jedem Eindrucke, den er empfängt, daran, wie er nach seinem innern Wesen ihm gegenüber sich zu verhalten habe. Er folgt dem Impulse, der ihm gegeben wird, dem innern Triebe und handelt darnach. Er sagt nicht: Ich bin ja leicht erregbar, also muss ich begeistert sein, oder: Als Pessimist habe ich Unzufriedenheit zu zeigen. Aber je höher der Bildungsgrad eines Menschen ist, einen desto grösseren Einfluss gewinnt sein Selbstgefühl und wird er doch sich dessen bewusst, was sein eigenes Ich von ihm fordert. Während der Ungebildete dazu nicht imstande ist, sagt sich der wahrhaft Gebildete: das schickt sich nicht für mich, das ist meiner nicht würdig; oder aber auch: Dies oder das zu thun, ist meine Pflicht, der ich mich nicht entziehen kann.

Wir erwarten als Regel, dass die dem Ich sich darbietenden Anreize es nicht gleich mit sich fortreissen und überwältigen, sondern dass sie gleichsam vor ihm stehen bleiben und sich von ihm beherrschen lassen, so dass die Thätigkeiten, zu denen er von ihnen veranlasst wird, nicht ziel- und meisterlos hin und herschwanken, sondern dass das Ich sie fest in der Hand behalte. Aber auch hier beobachten wir die grössten Verschiedenheiten in der Naturanlage. Die einen sind mehr zu einem aktiven, die andern zu einem passiven Verhalten geneigt, und zwar nach beiden Seiten hin, im Entschluss und in der Ausführung, im Wollen und im Vollbringen. Der Eine entschliesst sich rasch und leicht, sei es, dass er dem ersten Eindrucke und Gefühle folgt, so dass das Ich gar nicht zur Herrschaft kommt, sei es, dass er stets bestimmt und klar weiss, was er will und sofort erkennt, was seinen Zwecken gemäss ist; ein anderer aber kommt nur langsam zum Entschluss, weil er entweder an innerer Unschlüssigkeit leidet, die sich bald nach dieser, bald nach jener Seite gezogen fühlt und zu keiner Entscheidung gelangen kann, oder weil er kühl und vorsichtig alle Seiten des Falles erwägt. Für diese Verschiedenheiten im Wollen und im Vollbringen hat auch die Sprache die mannigfaltigsten Ausdrücke: fest und schwankend, mutig und verzagt, hartnäckig und nachgiebig, hitzig und kaltblütig, eigensinnig und fügsam, bedächtig und unbesonnen, flüchtig, zerstreut, gesammelt und viele andere.

Es darf nun aber nicht übersehen werden, dass es sich hierbei gar nicht um den Inhalt unseres Wollens und Thuns, also um das Sittliche, sondern nur um die Form, die Art und Weise, das Tempo desselben handelt. Eine unüberlegte, nur von dem ersten Drange des Gefühls eingegebene Handlung kann ebensowohl, wie eine zaghaft und schwächlich vollzogene, an sittlichem Wert hoch über der wohlbedachten und mit sicherem Erfolge ausgeführten That stehen. Der Knabe, der ohne Zögern dem von einer Schar Strassenbuben angegriffenen Mitschüler zur Hülfe eilt, oder dem armen alten Mann die Last abnimmt und sie eine Strecke trägt, ängstlich sich umschauend, ob es auch einer seiner Kameraden sehen und ihn deshalb necken möchte, hat eine sittlich höher stehende Handlung vollbracht, als der Erwachsene, der die Polizei herbeiruft oder eine Droschke kommen und den alten Mann nach Hause fahren lässt. Wenn Besonnenheit, Energie, Beharrlichkeit schon an sich Tugenden wären, so müssten sie den Verbrechern, die sie oft in staunenswerter Weise bethätigen, als Milderungsgründe angerechnet werden, statt zur Erschwerung der Strafbarkeit zu dienen. Der Mut ist an und für sich keine Tugend, weil er kein Verdienst, sondern Naturgabe ist, aber die Tapferkeit ist es. Auch dem von Natur Verzagten kann sie durch Pflichtgefühl, Selbstbeherrschung, Disziplin zugänglich werden, während sie dem Mutigen fehlen kann. Darum sprechen wir wohl von mutigen, aber nicht von tapferen Tieren. Aber der Mut ist auch kein Trieb, weil er kein Begehren enthält und keine Quelle von Lustgefühlen ist. Für den Mutigen ist eine Verwundung oder das Misslingen an einer Unternehmung in Wirklichkeit ein ebenso grosses Uebel, wie für den Verzagten, aber er glaubt zum voraus nicht daran und lässt es darauf ankommen, weil es in seinem Wesen liegt, stets mit seiner ganzen Kraft in seinem Thun aufzugehen und lieber auch für kleine Zwecke mehr einzusetzen, als selbst im günstigsten Falle zu gewinnen ist, ehe er von dem Unternommenen ganz zurücktritt. Der Mut ist etwas Angeborenes, die Tapferkeit etwas Erworbenes.

Und wie der Mut, so sind die Temperamentseigenschaften, die das eigene Ich bilden, in der Hauptsache etwas Angebornes, meist von Eltern oder Grosseltern Anererbtes. Auch sind sie in ihrem Grundcharakter insoweit unzerstörbar, als die Plusseite niemals in das Minus überschlagen wird, und umgekehrt. Es ist weder möglich, noch wünschenswert, noch sittlich geboten, dass aus dem Feuergeist ein Phlegmatiker werde, dass die Sorglichkeit der kecken Zuversicht, der trockene Ernst dem leichten Frohsinn, das überwallende Gefühl der kühlen Bedächtigkeit den Platz räume. Aber soweit geht ihre Unveränderlichkeit doch nicht, dass die freie Einwirkung des Willens ausgeschlossen wäre. Das Meiste besorgen das Leben selbst und die Erfahrung. Die vorgerückten Jahre, die harte Schule des Lebens mässigen die Temperamente, auch der gesellschaftliche Verkehr übt einen grossen Einfluss, und im engen Kreise und den zahllosen Reibungen der Häuslichkeit können sich Temperamentseigenschaften wohl abschleifen, allerdings aber auch verschärfen. Schliesslich bleibt aber doch dem Willen, der freien sittlichen Selbstbestimmung eine wichtige und auch lösbare Aufgabe vorbehalten. Von jedem Menschen können und dürfen wir verlangen, dass er sich selbst beherrscht, sich in Zucht nimmt und seine Auswüchse abschneidet, zumal wo dieselben für andere belästigend und verletzend wirken. Wie unleidlich kann nicht der stets Missvergnügte sein, der an allem etwas auszusetzen hat; wie unglücklich kann der Mann sich und die Seinen machen, der in seinem aufbrausenden Temperamente, oder durch unüberlegtes Handeln seine Existenz untergräbt! Und da die Jugend am meisten bildungsfähig ist, so eröffnet sich hier das weite Feld der Erziehung, auf das ich aber heute nicht eingehen kann. —

Fast ohne es zu wollen, habe ich mich jetzt schon eines Ausdruckes bedient, der bereits im Altertum auf die geschilderten Verschiedenheiten im Ich angewendet wurde.

Um sich nämlich diese klar zu machen, hat man vier Temperamente angenommen, das sanguinische, das phlegmatische, das cholerische und das melancholische. Man hat dieselben später sogar auf die vier vornehmsten Nationen Europas verteilen und dem Italiener

2

das cholerische, dem Franzosen das sanguinische, dem Deutschen das phlegmatische und dem Engländer das cholerische zuweisen wollen. Das ist natürlich geschehen, ehe man etwas von den Russen wusste, sonst hätte man für diese vielleicht ein besonderes, das barbarische, erfunden. Gegenwärtig hat man diese strenge Scheidung gänzlich fallen lassen, und nur der Sprachgebrauch hat die Namen noch beibehalten. Wir verstehen unter einem sanguinischen Menschen etwa noch den leicht beweglichen, der ganz in der Gegenwart, unter den Eindrücken des Augenblicks und in luftigen Illusionen über das, was die Zukunft bringen mag, lebt; der Phlegmatiker ist der stille, ruhige, wenig erregbare, zur Indolenz geneigte, und unter einem Choleriker meint man den leicht in den Zustand heftiger Aufwallung zu Versetzenden, den Zornmütigen. — Melancholiker aber giebt es unter gesunden Menschen gar nicht mehr; wir denken dabei nur an eine vorübergehende Stimmung, in der wir zu düstern und hoffnungslosen Betrachtungen der Welt im Allgemeinen und unserer eigenen Zustände geneigt sind, und übertragen dann das Wort auch auf die Dinge, die eine solche Stimmung erregen; so reden wir von einer melancholischen Gegend, Unterhaltung, Lektüre, und würden unter einem melancholischen Menschen eher einen verstehen, in dessen Gesellschaft man melancholisch werden könnte, als der selbst dauernd in dieser Stimmung wäre, den man daher besser einen Hypochonder nennen müsste. Diese gesamte Charakterisierung bezieht sich aber, wie wir leicht einsehen, mehr auf die Aussenseite, als auf die innere Anlage des Menschen und ist daher im Grunde nicht haltbar, denn der Choleriker ist ebenso leicht erregt, wie der Sanguiniker, und beide können in ihren Lust- und Unlustgefühlen ebenso übereinstimmen, wie in ihrem sittlichen Wollen und Begehren. Und in gleicher Weise können der Phlegmatiker und der Choleriker sowohl Optimisten, wie Pessimisten sein.

Wenn man nun das Ich des Menschen in solcher genauen Weise zergliedert und erforscht hat, sollte man doch meinen, es müsste nicht schwer sein, andere zu durchschauen. Schiller sagt zwar:

Hab ich des Menschen Kern erst recht erkannt,
So weiss ich auch sein Wollen und sein Handeln.

Ganz richtig, wenn! Aber da ich dem Menschen nicht nach dem ersten, sondern nach dem letzten, dem Wollen und dem Handeln, beurteilen muss, so wird es mir gewaltig schwer, bis in das Innerste, den Kern, das eigentliche Ich, vorzudringen. Denn wie das leibliche sich durch Kleidung, Schmuck, Geräte und Werkzeuge umgestaltet und dadurch täuscht, so dass der Wilde den Weissen, welcher eine Finte abschiesst, für den Donnergott hält, so wird auch das geistige Ich in mancher Weise verhüllt und verstellt. Dazu trägt die Sitte viel bei, welche — und namentlich dem weiblichen Geschlechte — untersagt, sich ganz und gar der Natur hinzugeben, und nicht gestattet, zu natürlich zu sein. Ein wenig Verstellung, wenn sie mit Anmut verknüpft ist, wird immer hübsch gefunden, und nur eine zu sehr ans Tageslicht tretende Schauspielerei, oder mag man es Coquetterie nennen, ist verpönt. Aber auch der Mann sucht darnach, seine Gefühle in Schranken zu halten und stets gesammelt und fest zu erscheinen, auch wenn es in ihm kocht. Dann tritt eine sehr verschiedene Art der Beurteilung ganz alltäglicher Handlungen hinzu. Den Mann, der jeden Abend seinen Klub zu besuchen pflegt, nennen seine Freunde gemütlich, seine Gattin herzlos, weil er sie allein lässt. Er selbst sagt vielleicht: Die Sache ist ganz gleichgültig; es ist nicht mein eigenes Ich; ich habe es mir nur angewöhnt. Denn wie derjenige, welcher sich an etwas gewöhnt hat, dadurch einen Teil seiner persönlichen Freiheit opfert, ebenso derjenige, der sich etwas angewöhnt hat, z. B. das Rauchen; er kann es eben nicht lassen, und wird dadurch ein Sklave seiner Angewöhnung. Beide aber, Gewohnheit und Angewöhnung, verdecken das Ich mehr oder weniger und machen es unkenntlich, nicht, wenn sie in bescheidenen Grenzen auftreten, sondern wenn sie eine solche Macht über den Menschen gewinnen, dass Leidenschaften und Laster daraus werden, dass sie sein Wollen und Handeln in sittlicher Weise beeinflussen. Glücklich der, bei welchem das Ich, wenn es sich in solcher Weise gespalten hat und das bessere noch mit dem schlechteren kämpft, die rechte Bahn einzuschlagen und sich von der Gewalt trüber Mächte zu befreien weiss.

So sehen wir, kann das Ich auch Wandlungen durchmachen, obgleich unabhängig vom Körper, der sich ja fortwährend erneut und, wie die Naturforscher sagen, in sieben Jahren alle seine Bestandteile von sich abstösst und durch andere ersetzt. Die Veränderungen, die am inneren Ich sich vollziehen, sind viel unregelmässiger und, von den Einflüssen des Alters und der Umgebung abgesehen, zum teil gewaltsamer. Wenn ein junges Mädchen durch Vermählung einen anderen Namen annimmt, — eine der eingreifendsten Veränderungen, die den Menschen treffen können, da sein Name sein äusserer Repräsentant ist —, so bleibt doch das eigene Ich dadurch unberührt, und Schriftstellerinnen wie Künstlerinnen lieben es, durch Anhängung ihres Mädchennamens an den Mannesnamen anzudeuten, dass sie in Wirklichkeit dieselben geblieben sind, welche sie vor der Vermählung waren. Anders schon ist es, wenn eine Sinnesänderung mit dem Menschen vorgeht, wenn Schicksale, Krankheiten und dgl. ihn treffen, wenn er sogar seine Grundsätze wechselt. Das Christentum hat diese Veränderung zum Prinzip seiner Lehre erhoben, und damit eine sehr scharfe Forderung an seine Bekenner gestellt. Es soll aus dem Saulus ein Paulus werden. Aber doch bleibt auch in diesem Falle das eigene Ich, wie wir es erkannt haben, unverändert, denn die Umwandlung vollzieht sich nur auf dem Gebiete der Sittlichkeit, und auch der durch die schwersten Seelenkämpfe hindurch gegangene Mann wird sagen: Ich bin ein anderer geworden und doch bin ich ich. So scheiden wir denn das wechselnde, auch wohl historisches oder empirisches Ich genannte von dem reinen, welches unverändert bleibt und uns daher auch eine Bürgschaft gewährt, dass seine Trennung von dem veränderlichen, allmählich absterbenden Körper keine Zerstörung bedeutet, sondern eine ewige Fortdauer nach dem irdischen Tode in sichere Aussicht stellt.

Und wenn wir so die Ausdehnung des Ich über die Zeit hinaus in die Ewigkeit ins Auge gefasst haben, so entwickelt sich auch räumlich das einheitliche Ich zum gesellschaftlichen Ich, dem Wir. Das geschieht überall, wo in einer Mehrheit einzelner Persönlichkeiten sich ein gemeinsamer Kreis von Vorstellungen findet und es ein System von Veranstaltungen giebt, durch welche die einzelne, von dem Kreise umschlossene Persönlichkeit mit den übrigen in Wechselwirkung tritt. Solch ein gemeinsamer Boden ist für die Familie das Haus, für Landsleute die Heimat, für Nationalitätsgenossen die Sprache, für Menschen überhaupt die Erde. Wenn in dem Ich des Menschen sein Selbstbewusstsein zum lebhaften Ausdrucke kommt, weshalb auch der stolze Engländer sein J keck an die Spitze des Briefes setzt, während der allzubescheidene Deutsche dies sorgfältig vermeidet und selbst im Gespräche es vorzieht, den Ausdruck „meine Wenigkeit" anzuwenden, erhebt sich sofort unser Selbstgefühl, wenn wir nur sagen: „Bei uns zu Hause macht man es so" oder gar „Wir Deutsche".

Die höchste reinste und edelste Ausweitung des Selbstbewusstseins aber findet dort statt, wo dasselbe sich durch Ausbildung des rein menschlichen „Wir" zur Vorstellung der Humanität erhebt, wo in dem Einzelnen eine Anschauung lebt, wie in jenem Canadier, der da sagen konnte: Wir Wilden sind doch bessere Menschen. Der berühmte Philosoph Feuerbach hatte also Unrecht, wenn er sagt: „Der Mensch ist, was er isst." Er hätte sagen sollen: „wie er isst"; denn in der That, die Art und Weise, wie ein Jeder isst, giebt oft die interessantesten psychologischen Aufschlüsse über sein Temperament.

2*

Die Gefühle.

Wer möchte wohl gefühllos heissen? Dem freilich würde es gleichgültig sein, der es wirklich wäre, einem Barbaren, einem Tyrannen, einem Nero. Aber von uns doch gewiss niemand. In diesem Punkte sind wir vielleicht einig; aber wie steht es mit dem Gegenteil? Was verstehen wir unter einem gefühlvollen Menschen? Wir sprechen allerdings von einem gefühlvollen Herzen, auch von einem solchen Liede, aber nicht jeder mag von sich selbst sagen: ich bin sehr gefühlvoll. Also Keiner will ohne Gefühl sein, Keiner zuviel davon haben. Betrachten wir ein anderes Wort von fast gleicher Bedeutung, Empfindung. Empfindungslos wird eigentlich nur von einem Körpergliede gesagt, welches erstarrt, abgestorben oder künstlich in einen Zustand versetzt ist, und in welchem die Empfindungsnerven gewissermassen schlafen. Das Gegenteil „empfindungsvoll" giebt es nicht, dagegen sagen wir „empfindlich", und „empfindsam", jenes eine Eigenschaft bezeichnend, die an und für sich nicht ohne Wert ist, aber keine bedeutende Steigerung verträgt, diese einen Gemütszustand, der leicht den Spott herausfordert. So stehen wir vor Zuständen und Eigentümlichkeiten unseres inneren Menschen, die wir nicht entbehren wollen, während wir uns vor einem jeden Übermass scheuen, und welche daher in mancher Beziehung rätselhaft erscheinen. Ich sage ausdrücklich: unseres innern Menschen, unserer Seele, denn der körperliche Sinn, den wir mit dem Namen „das Gefühl" bezeichnen, ist dem Physiologen wohl bekannt. Auf diesen einzugehen, soll weniger meine Aufgabe sein, obgleich er mit dem psychischen in so enger Wechselwirkung steht, dass er allerdings nicht durchaus unberücksichtigt bleiben kann.

Wenn Maria Stuart aus ihrem Kerker in den grünen Park von Fotheringhay tritt, jubelt sie: (III 1.)

Lass mich der neuen Freiheit geniessen,
Lass mich ein Kind sein; sei es mit;
Und auf dem grünen Teppich der Wiesen
Prüfen den leichten, geflügelten Schritt?
Bin ich dem finstern Gefängnis entstiegen?
Hält sie mich nicht mehr, die traurige Gruft?
Lass mich in vollen, in durstigen Zügen
Trinken die reine, die himmlische Luft.

Ähnlich heisst es in Goethe's Faust: (1. Akt.)

Vom Eise befreit sind Strom und Bäche
Durch des Frühlings holden, belebenden Blick;
Im Thale grünet Hoffnungsglück;
Der alte Winter mit seiner Schwäche
Zog sich in rauhe Berge zurück.

Wie fesselnd ist hier das Gefühl zum Ausdruck gebracht, von dem Maria und Faust erfüllt sind. Die traurigen Empfindungen, welche der Kerker oder der Winter im Bewusstsein hervorrufen, sie verschwinden, und an ihrer Statt steigt das Hoffnungsglück empor, die Aussicht auf eine schöne Zukunft. Diese Überwindung eines Gegensatzes ruft ein Gefühl der Freude hervor. —

Dagegen sagt Johanna von Orleans (IV. 1)

Frommer Stab, o hätt ich nimmer mit dem Schwerte dich vertauscht!
Hätt' es nie in deinen Zweigen, heil'ge Eiche, mir gerauscht!
Wärst du nimmer mir erschienen, hohe Himmelskönigin!
Nimm, ich kann sie nicht verdienen, deine Krone, nimm sie hin.

Hier haben wir ein schmerzliches Gefühl, ebenfalls hervorgerufen durch einen Gegensatz, den zwischen der erhabenen Sendung, welche Johanna empfangen hatte, und den menschlichen Neigungen ihres Herzens. Dieser Gegensatz wird aber nicht überwunden. Kein Hoffnungsglück will sich zeigen, eine Lösung des quälenden Zwiespalts ist nicht möglich.

Wie Gefühle entstehen, zeigt sich hier deutlich: sie haben ihren Ursprung in den Vorstellungen, die unser Bewusstsein in sich aufgenommen hat. Wenn der Lauf derselben ein ungehemmter ist, haben wir im Grunde gar kein besonderes Gefühl. Sobald er gehemmt wird, tritt ein Unlust-, wird diese Hemmung wieder aufgehoben, ein Lustgefühl ein. Einige Beispiele werden dies verdeutlichen. Schillers Taucher freut sich, wenn er aus den Schrecken der Meerestiefe emporgestiegen ist und wieder atmen kann im rosigen Licht. Die Beklemmung, welche ihn drückte, ist gewichen, das Leben hat ihn wieder. Wenn wir bemerken, dass wir eine Rechenaufgabe falsch gelöst haben, tritt sofort eine Hemmung im Laufe unserer Vorstellungen ein; wir müssen auf unserem Wege zurückkehren und den Fehler suchen; das macht uns verdriesslich: haben wir ihn gefunden und können wir nun weiter gehen, so erfüllt uns ein angenehmes, ein Lustgefühl. Der Kranke, welcher nicht schlafen kann, während es doch Nacht ist und alles um ihn her ruht, empfindet ein Unlustgefühl; hat er geschlafen, so freut er sich, obgleich er vielleicht noch immer sehr leidend ist. Wenn wir uns den Anschein geben, als ob wir ein kleines Kind schlagen wollen, so tritt bei ihm eine Hemmung der ruhig verlaufenden Vorstellungen ein und es macht ein ängstliches Gesicht; halten wir den weit ausholenden Arm plötzlich an, so lacht es laut, denn es fühlt, dass jene Hemmung gehoben ist, und seine Freude ist um so grösser, je unerwarteter dies geschieht. — Aber nicht immer sind es gegenwärtige Eindrücke, die eine solche Wirkung auf uns haben. Die zum Bewusstsein gelangenden Empfindungen können mannigfache in ihm bereits länger ruhende Vorstellungen wieder erwecken und so Gefühle hervorrufen. So sieht der Mörder in seiner Aufregung (denn durch Gemütsstimmung kommt das Blut in Wallung oder in Stockung, weshalb man den Sitz der Gefühle auch in das Herz verlegt hat) überall sein unglückliches Opfer vor sich und glaubt die Blutflecken an seinen Händen zu erblicken und zu spüren.

> Das riecht noch immer mehr
> Nach Blut! — Arabiens Wohlgerüche alle
> Versüssen diese kleine Hand nicht mehr,

sagt Lady Macbeth. (Schiller.)

Wenn Dido ihren Gast Aeneas bittet, ihr von dem Untergang Trojas zu berichten, antwortet er:

> O Königin, du weckst der alten Wunde
> Unnennbar schmerzliches Gefühl.

Hier ruft nicht eine Wahrnehmung, eine in die Seele erst eindringende Vorstellung das Unlustgefühl hervor, sondern schon die Erinnerung an frühere Erlebnisse, die Notwendigkeit, sich dieselben ins Gedächtnis zurück zu rufen.

Es lassen sich also zwei Grundformen unterscheiden, Lust- und Unlustgefühle, und man nennt dies ihren Ton. Aber man spricht zuweilen auch von gemischten Gefühlen. Eigentlich mit Unrecht, denn es giebt keines, welches gleichzeitig Freude und Leid in sich begriffe; wohl aber kann ein so schneller Wechsel stattfinden, dass Lust und Unlust gleichzeitig und gemischt vorhanden zu sein scheinen. So heisst es in Schillers Bürgschaft:

> In den Armen liegen sich beide
> Und weinen vor Schmerzen und Freude.

Und als Hektor seinen Sohn gesegnet hat und ihn der geängsteten Andromache zurück giebt, nimmt sie ihn „lächelnd mit Thränen im Blick". Weniger ernst ist das Beispiel aus der Idylle: „Der Abendschmaus" von Voss. Der zu einem Gastmahle in der Stadt eingeladene Pächter berichtet, dass zum Nachtisch gereicht sei

Eisiger Mandelrahm und Himbeereis (ein Betrug mir,

Denn ich Ländlicher nahm nicht jungferlich; schnell wie erfroren

Starrte Gaumen und Zung', und die Nachbarin lachte bedaurend.)

Die Gefühle können durch sinnliche Empfindungen hervorgerufen und beeinflusst werden. Dies erklärt sich aus der Wechselwirkung zwischen Leib und Seele. Körperliches Wohl und Wehe erheitert und verdüstert bekanntlich unser Gemüth. Bei anhaltend trübem Wetter werden wir leicht verdriesslich; Sonnenschein erheitert uns wieder. Gute Laune mildert andererseits manche unangenehme Körperempfindung, schlechte macht empfindlich. --

Eine reiche Quelle der Gefühle ist, wie sich hieraus ergiebt, die Phantasie. Sie werden in eigenthümlicher Weise hervorgerufen, sobald diese ihr Spiel beginnt. Ein einsames Kruzifix am Wege erweckt in uns den Gedanken, dass hier vielleicht ein Mord begangen sei, eine Ruine versetzt uns in das Mittelalter und die glänzenden Zeiten des Rittertums, eine Waldwiese in die Märchenwelt der Elfen. Ein Friedhof, eine Richtstätte, welche Bilder vermögen sie nicht vor uns emporzuzaubern, welche Gefühle in uns zu erregen!

Welche Gefahr liegt aber auch darin, sich ihnen hinzugeben, ja vielleicht gar in ihnen zu schwelgen! Dem Kinde gehört es an, dem Märchen zu lauschen. Wenn die bunten Gestalten vor seinem Auge aufsteigen, wenn an den Winterabenden ihm erzählt wird von wilden Riesen und komischen Zwergen, von gütigen Feen und bösen Zauberern, dann wechselt banges Grauen, gespannte Erwartung, helle Freude in ihm. Mit den Jahren aber muss dies Spiel der Phantasie schwinden, denn der Verstand reift und dieser dämpft das Übermass des Gefühlslebens. Er löst die voreiligen Verknüpfungen der Phantasie und lässt die Wirklichkeit und Wahrheit an ihre Stelle treten. Durch ihn werden die Gefühle herabgestimmt und gemildert, - indem er die voreiligen Verknüpfungen der Phantasie löst oder regelt und logische Gründe in den Kampf führt. Jeder Schmerz verliert seinen Stachel, so wie er verstandesmässig zergliedert wird. Dies beschränkt sich freilich auf die seelischen Gefühle, da die körperlichen sich nicht zergliedern lassen, ist aber im übrigen zweifellos. Daher sagt man auch: „Wo viel Kopf, da ist wenig Herz"; man spricht von dem kalten Verstande und dem warmen Herzen; diesem ist man gewöhnlich freundlicher gesinnt, als jenem, aber nicht immer mit Recht. Er und noch mehr die Vernunft schaffen weit höhere und edlere Freuden. Denken und Fühlen sind sich nicht entgegengesetzt; sowie durch jenes die Gefühle geläntert und gehoben werden, so geht oft das Fühlen dem Denken voran und giebt diesem einen Antrieb zu weiterer Thätigkeit. Ungebildete und unverständige Menschen lassen ihren Gefühlen freien Spielraum; sie kennen in Freud und Leid kein Mass; selbst körperliche Schmerzen wissen sie nicht zu beherrschen. Der gebildete Mensch läutert seine Gefühle und bezähmt sie; niemals lässt er sich soweit von ihnen fortreissen, dass er es bei kaltem Blute bereuen müsste. Dafür ist aber auch sein Gefühlskreis ein weit reicherer, und seine ausgebildete Denkkraft weckt höhere Gefühle, die dem Ungebildeten fremd sind.

Wir schreiten jetzt zu der Betrachtung der einzelnen Gefühle und suchen sie deshalb in Gruppen zu zerlegen, denn ihre Zahl ist sehr gross und vielfach gehen sie in einander über. Nach ihrem Ursprunge werden sie gewöhnlich in allgemeine und in besondere eingeteilt. Jene, die man auch wohl formale nennt, zerfallen in 4 Gruppen, die der Arbeit und Erholung, der Kraft und Schwäche, der Hoffnung und Besorgnis, des Gelingens und Misslingens.

Die Gefühle der Arbeit sind das der Anstrengung und der Leichtigkeit. Jenes tritt ein, wenn ungewöhnlich viele Vorstellungen gleichzeitig aufzunehmen, zu bewältigen und in unserem Bewusstsein einzuordnen sind, namentlich auch, wenn diese neu sind und in der, unserem Geiste gehörenden Vorstellungsmasse wenige oder gar keine Anknüpfungspunkte finden. Daher muss dem kleinen Kinde der Unterricht nur spärlich zugemessen werden, sonst tritt sofort Überanstrengung und Abspannung ein, während der gereifte Mann sogar die Nacht für seine Thätigkeit hinzunehmen kann. Was jenem schwer wird, das wird diesem leicht. Arbeiten, die wir nie gemacht haben, greifen uns an; sind wir sie gewohnt, so bewältigen wir sie schnell und mühelos. Aber das Uebermass verursacht doch ein Unlustgefühl, denn es übt schliesslich einen Druck auf unsere übrigen Vorstellungen, und wir bedürfen der Erholung. Soll diese aber ein Lustgefühl bleiben und ihren Zweck, Sammlung von frischen Kräften, erfüllen, so muss sie nicht zur Beschäftigungslosigkeit des Bewusstseins herabsinken, denn das Stocken der Vorstellungen erzeugt Unlust; sie muss ihm neue, aber wechselnde Vorstellungen zuführen. Daher sind die besten Mittel zur Erholung ein Wechsel in der geistigen Beschäftigung, etwa eine angenehme Lektüre, Musik u. dgl., oder eine körperliche, nicht allzusehr angreifende Thätigkeit, wie ein Spaziergang, oder Ritt, Turnen, Tanzen u. dgl.; nicht das Kartenspiel, weil es neue Unlustgefühle erzeugen kann. Der Schlaf bringt auch Erholung, aber erklärlicherweise ohne Lust- oder Unlust.

Entsteht eine völlige Leere im Bewusstsein, kommen neue Vorstellungen nur selten oder geraten sie ganz ins Stocken, so entsteht Langeweile. Sie lässt uns die Zeit bemerken, die sonst fast gar nicht beachtet und, wenn wir uns gut unterhalten oder erregt sind, geradezu vergessen wird. Jeden Augenblick sehen wir nach der Uhr und wundern uns, dass sie nicht weiter ist. Ruht das Bewusstsein aus Mangel an Beschäftigung gänzlich, so wird der Körper in Mitleidenschaft gezogen, und es stellen sich Symptome ein, wie sie dem Schlafe oder der Ohnmacht vorhergehen, Gähnen, Uebelkeit, Schwindel. Eine andauernde Langeweile, wie im Kerker, kann Auszehrung und Tod herbeiführen, daher es keine leere Redensart ist: „Ich sterbe vor Langeweile". Dass dies Gefühl besonders von der Geistesbildung abhängt, ist klar. Der Ungebildete langweilt sich nie, weil er an wechselnde Vorstellungen nicht gewöhnt ist, der Halbgebildete am meisten, der Gebildete am seltensten, kann aber oft gelangweilt werden. Das Gegenteil der Langeweile ist die Unterhaltung, welche darauf beruht, dass uns wechselnde, neue Vorstellungen in solchem Masse zugeführt werden, dass wir sie bequem auffassen können. Am besten geschieht dies in einem anregenden Gespräche, welches daher stets als die beste Erholung zu bezeichnen ist. Hieraus erklärt sich neben dem Reiz, den der Besuch von öffentlichen Vorlesungen, von Volks- und anderen Versammlungen, ausübt, die Vorliebe vieler selbst hochgebildeter Menschen für den Besuch eines Klubs oder Wirtshauses.

Das Gefühl der Schwäche wird in uns hervorgerufen, wenn wir bemerken, dass wir die Arbeit nur mit Mühe überwinden, das der Kraft, wenn wir erkennen, dass uns dies mit Leichtigkeit möglich ist. Gesteigert wird dies durch die Empfindung körperlicher Stärke und durch den Rhythmus. Beim schnellen Fahren, Reiten, Schlittschuhlaufen legen wir ohne sonderliche Mühe grosse Strecken zurück; das erweckt Lust in uns. Der Trommelschlag beim Marsche, die Musik beim Tanze rufen eine belebte Stimmung in uns hervor und erhöhen unsere Kraft.

Wie diesen ersten beiden Gruppen, so stehen auch die beiden folgenden, Hoffnung und Besorgnis. Gefühle des Gelingens und Misslingens, die wir insgemein Gefühle der Erwartung nennen, mit einander in Verbindung. Sie beruhen darauf, dass eine in uns angeregte Vorstellungsreihe glatt verläuft oder gehemmt, oder gar abgerissen wird. Wir setzen uns dabei ein Ziel, welches erreicht werden muss. Der Wanderer stellt sich den Weg vor, welchen er zurückzulegen hat, der Feldherr die Massregeln, die er treffen muss, um den Sieg zu erringen, der Schiffbrüchige den Augenblick, in welchem ihn die Wogen verschlingen können. Je nachdem das Ziel geeignet ist, ein Lust- oder ein Unlustgefühl hervorgerufen, empfinden wir Hoffnung oder Besorgnis. Wird die Erwartung eines Ereignisses, dem wir mit Teilnahme entgegensehen, länger ausgedehnt, als wir vorher mit Recht oder mit Unrecht angenommen hatten, so steigert sich die in unserm Bewusstsein herrschende Spannung zur Ungeduld. Wird unsere Erwartung erfüllt, so haben wir das Lustgefühl der Befriedigung, im Gegenteil das der Täuschung. Es sind dies die Gefühle des Gelingens und des Misslingens, des Suchens und des Findens. —

Ein quälendes Gefühl ist der Zweifel, eine Erwartung, die sich nicht auf ein, sondern auf zwei oder mehrere Endglieder bezieht, welche wir uns mit verschiedenen Graden der Wahrscheinlichkeit vorstellen. Nimmt die Aussicht auf einen ungünstigen Erfolg zu, dagegen die auf einen günstigen ab, so kann der Zweifel sich zur Verzweiflung steigern. Diese Gefühle können so drückend werden, dass wir es oft als eine Erlösung mit Freuden begrüssen, wenn die Zahl der Endglieder sich auf eines beschränkt, selbst wenn dies ein Misslingen wäre.

Der Gegensatz der Erwartung ist die Ueberraschung. Tritt ein Ereignis früher oder anders ein, als wir annahmen, so erregt dies im ersten Augenblicke in uns ein Unlustgefühl, welches freilich bei einer freudigen Ueberraschung schnell in ein Lustgefühl umschlagen, unter Umständen aber auch, wenn es sich bis zum Schrecken steigert, geradezu verderblich werden kann.

Von den allgemeinen oder formalen Gefühlen unterscheiden sich die höheren dadurch, dass sie besonders von der Beschaffenheit derjenigen Vorstellungen abhängen, durch welche sie erregt werden. Sie heissen deshalb auch qualitative und es lassen sich die Gegenstände bezeichnen, auf welche sie sich, wie auf ihren besondern Inhalt beziehen. Solche sind das eigene Ich, das fremde Ich, das Schöne, das Wahre und das Gute.

Die Möglichkeit dieser Gefühle beruht darauf, dass es Gegenstände und Zustände giebt, welche zusammengesetzt sind. Wenn nun ihre Teile ein wohl übereinstimmendes Verhältnis zu einander haben, so entsteht eine Förderung, wenn nicht, eine Hemmung unserer Vorstellungen. Da eine richtige Auffassung von Verhältnissen Denkthätigkeit erfordert, so folgt, dass die qualitativen Gefühle vorwiegend die Thätigkeiten des Verstandes und der Vernunft begleiten, weshalb sie auch höhere im Gegensatze zu den niederen heissen, welche nur mit sinnlichen Wahrnehmungen verbunden sind. —

Auf das eigene Ich bezieht sich das Selbstgefühl. Das Ich ist der stärkste Vorstellungskreis des Menschen, denn es wird von der gesamten Vorstellungsmasse getragen und es ist unmöglich, sich irgend etwas so vorzustellen, dass es ausser aller Beziehung auf das eigene Selbst stände. Allein in unserer nach Aussen gerichteten Thätigkeit stossen wir oft auf Hindernisse oder Schranken, seien es nun Naturgewalten oder die selbstbewusste Thätigkeit anderer Menschen. Gelingt es uns nun, diese Schranken zu übersteigen, die Hindernisse zu überwinden, so fühlen wir uns grösser, mächtiger, unumschränkter, und darauf beruht das Selbstgefühl.

Schon das Kind zeigt ein Vergnügen an solchen Beschäftigungen, durch welche es sein Übergewicht über die Aussenwelt bethätigen kann. Daher seine Freude, mit leblosen Dingen zu spielen, sie gleichsam sich unterthan zu machen. Daher die Fürsorge und mütterliche Liebe zur Puppe, die es pflegt, aber auch die Lust, sein Spielzeug zu verändern, woraus dann gewöhnlich die Zerstörung hervorgeht. Der ungebildete Mensch kennt nur die Körperkraft, und sein Selbstgefühl bezieht sich meistens nur auf diese; höchstens äussert es sich als Herrschbegierde; edler und höher steht es aber beim Gebildeten, denn bei ihm stützt es sich auf die Kraft des Geistes.

Es giebt ein falsches Selbstgefühl. Dies findet statt, wenn der Mensch seine Kräfte zu niedrig anschlägt, und äussert sich als Schwäche, Verzagtheit und Furcht. Das unangenehmste Gefühl, welches hierauf beruht, ist die Todesfurcht, welche aus der Vorstellung hervorgeht, dass es einen Zustand geben könne, in dem das Ich nicht bloss gering und schwach, nein gar nicht mehr sei. Nicht die Vorstellung eines bevorstehenden Uebels ängstigt, sondern nur der Gedanke des Nichtseins. Deshalb erhebt das Ich den Anspruch auf unbegrenzte Fortdauer und findet seine Befriedigung im Unsterblichkeitsglauben. —

Aber das Selbstgefühl ist auch falsch, wenn das Ich seine Kräfte im Bewusstsein äusserlicher, körperlicher Vorzüge zu hoch anschlägt; es zeigt sich als Eitelkeit, Anmassung und Hochmut.

Die wahre Bildung führt zum wahren Selbstgefühl. Es beweist sich in richtiger Beurteilung seiner selbst und Anderer, Anspruchslosigkeit und Bescheidenheit, in regem Sinne für Recht und Ehre. Es erzeugt einen festen Willen und kräftiges Handeln. Findet es die Anerkennung und Geltung bei anderen, welche man mit dem Namen Ehre bezeichnet, so begründet sich darauf das Ehrgefühl. Dieses hat seine Berechtigung: ihm zu genügen ist sogar eine Pflicht des Menschen; er soll auf seine Ehre halten; aber es darf nicht übertrieben werden. Aus ihm geht der rechte Stolz hervor, der weiss und zeigt, dass ihm Ehre gebührt. Auf die äusseren Ehrbezeugungen, die der Eitle beansprucht, legt er weniger Gewicht, dagegen viel auf wirkliche Achtung. Den wahren Stolz soll der Mensch fühlen, darf ihn aber nicht in Eitelkeit und Hochmut umschlagen lassen. Die gesteigerte Ehre ist der Ruhm. Wer nach diesem strebt, begnügt sich nicht mit der Anerkennung seines Selbst im Kreise der Umgebung, sondern strebt nach derselben in den weitesten Kreisen ohne alle Grenzen des Raumes und der Zeit. —

Eine plötzliche, unaufhaltsame Hemmung des Ehrgefühls, bei welcher man sich bewusst wird, dass man selbst seine eigene Ehre verletzt und verkümmert hat, giebt sich als Schamgefühl kund, die sogar den Körper beeinflusst und daher den Affekten nahe steht, vielfach sogar dazu gerechnet wird. —

Das Selbstgefühl droht den Menschen zu vereinsamen, das Mitgefühl dagegen führt ihn zu Wesen hin, die seinesgleichen sind. Die menschlichen Gefühle sind einer physiognomischen Aeusserung in Mienen und Gebärden fähig. Lust und Leid kündigen sich äusserlich in dem leuchtenden oder getrübten Auge, in der gehobenen oder gedrückten Haltung des Körpers, im Ausdrucke des Gesichts, in der Sprache an. Man kann also vom Aeusseren eines Menschen auf die Gefühle schliessen, die sein Inneres bewegen. Nehmen wir auf diese Weise bei anderen ein äusseres Gefühl wahr, so bleiben wir dabei nicht leicht gleichgültig, sondern versetzen uns in das fremde Ich hinein, und indem wir diejenigen Vorstellungen, auf denen seine Gefühle beruhen, in uns aufnehmen, machen wir sie zu den unsrigen, d. h. wir fühlen mit oder wir sympathisieren mit ihm. Das Mitgefühl oder das sympathetische Gefühl ist also jenes Gefühl, welches bei der

Wahrnehmung fremden Gefühls entsteht und diesem dem Tone nach gleich ist. Je nachdem jenes Lust oder Leid war, wird das unsere Mitfreude oder Mitleid sein. Darum heisst es: „Geteilte Freud' ist doppelt Freude, geteilter Schmerz ist halber Schmerz", und Paulus sagt: Freuet euch mit den Fröhlichen und weinet mit den Weinenden (Röm. 12, 18).

Das Mitgefühl führt sehr leicht zur Liebe. Man versteht darunter dasjenige Gefühl, welches sich einer fremden Persönlichkeit widmet und in der grösstmöglichen Vereinigung mit derselben seinen wahren Ausdruck findet. Die Liebe sucht also die einzelnen Personen in die Einheit das Daseins zu verschmelzen. Sie kann verschiedene Motive haben, nach denen sie auch verschiedene Formen, als Freundschaft, Kinderliebe Gattenliebe, annimmt.

Die sympathischen Gefühle leisten überhaupt der Sittlichkeit wichtige Dienste, indem sie die Selbstsucht verdrängen, der Nächstenliebe den Weg bahnen und durch gemeinsame Freuden und Leiden ein vereinigendes Band um die Bewohner desselben Orts und Landes schliessen.

> Ans Vaterland, ans teure, schliess dich an;
> Das halte fest mit deinem ganzen Herzen!
> Hier sind die starken Wurzeln deiner Kraft;
> Dort in der fremden Welt stehst du allein,
> Ein schwankes Rohr, das jeder Wind zerknickt.

In das Mitgefühl mischen sich jedoch unwillkürlich Vorstellungen ein, die sich auf den eigenen Zustand beziehen. In das Mitleid mischt sich die Freude, dass das eigene Ich unversehrt ist, in die Mitfreude die Betrübheit über den eigenen minder glücklichen Zustand. Treten nun diese Gefühle in den Vordergrund, so können sie sogar das Mitgefühl ersticken und es entstehen antipathische Gefühle: dann wird aus der Mitfreude der Neid, indem fremde Freude uns Unlust bereitet, aus dem Mitleide aber die Schadenfreude. Zur Ehre der Menschheit gereicht es, dass Neid und Schadenfreude als die hässlichsten und verhasstesten Ausdrücke eines verderbten Gemütes überall angesehen werden.

Von diesen Gefühlen sind wohl zu unterscheiden die Gefühle der Sympathie und Antipathie. Wir empfinden sie, wenn wir uns unbewusster Weise auf lebende oder leblose Wesen hingezogen oder abgestossen fühlen, ohne dass wir bestimmt angeben können, warum. Frauen haben häufig Antipathie gegen Spinnen, Sympathie für Katzen; das liesse sich vielleicht noch erklären, aber meistens sind solche Gefühle, die sich besonders auch Menschen gegenüber bemerkbar machen, durchaus rätselhaft. Sie beruhen auf dunklen Vorstellungen, welche sich mit denjenigen des betreffenden Gegenstandes verknüpfen und das Gefühl der Lust oder Unlust in uns erzeugen, auf Ähnlichkeiten, die man zu merken glaubt, und die leise angenehme oder unangenehme Erinnerungen wecken, ohne dass man sich dessen klar bewusst wäre.

Auf das Schöne bezieht sich das ästhetische Gefühl. Es entsteht aus dem Wohlgefallen am Schönen und dem Missfallen am Hässlichen. Die sinnlichen Gefühle entspringen aus einfachen Sinneseindrücken, aus der Vorstellung einer Farbe oder eines einfachen Tones; die ästhetischen dagegen aus zusammengesetzten. —

Die einzelne Farbe an sich ist weder schön noch hässlich, der einzelne Ton an sich gleichzeitig; wenn mehrere und zwar verschiedene zusammengesetzt werden (denn immer denselben Ton zu hören oder dieselbe Farbe zu sehen, wird unerträglich), so fragt es sich, ob sie sich mit einander vertragen, oder nicht. Im ersteren Falle entsteht ein Lust-, im andern ein Unlustgefühl. Jenen nennen wir Harmonie, und ihr steht die Disharmonie gegenüber. Nicht bloss in der Musik haben diese Ausdrücke Geltung, sondern überall, wo es auf ein bestimmtes Verhältnis ankommt, bei den Tönen auf die Zahl der Schwingungen, bei Gestalten auf Maassbestimmungen, so bei dem menschlichen oder tierischen Körper, bei Bauwerken. ja selbst bei den Hervorbringungen der frei schaffenden Natur, und wir unterscheiden sehr wohl einen schönen Baum von einem verwachsenen. Das ästhetische Gefühl ist, weil es sich an den Gesamteindruck eines Kunstwerks oder einzelner bedeutender Momente hält, in der Schätzung desselben weniger sicher, als das ästhetische Urteil. Für dieses kommen nicht allein die Grundverhältnisse, die Schwingungszahlen, das Versmaass, die Dimensionen in Betracht, sondern auch die Zusammenfügung der einzelnen Teile zu Gruppen und die der Gruppen zu einem Ganzen. So wird an einem Gemälde die Wahl des Stoffes, die Gruppierung der Figuren, die Zeichnung, das Kolorit, sowie die Bedeutsamkeit des leitenden Gedankens beurteilt, um zu einer sicheren Entscheidung des Urteils zu gelangen. Allein für die Wirkung des Schönen auf das Gefühl bedarf es einer so eingehenden Ueberlegung nicht; vielmehr zeichnet es sich durch die Leichtigkeit aus, mit welcher die Harmonie der Teile in die Sinne fällt, und ist deshalb besonders geeignet, auf das Gemüt der Menschen zu wirken. Hieraus erklärt es sich aber, wie es kommt, dass zuweilen ein Schauspiel dem Publikum gefällt, welches die Kritik verwirft. —

Von dem Gefühle für das Schöne ist aber dasjenige für das Angenehme und Unangenehme fern zu halten, so wie die Rücksicht auf das Nützliche und Schädliche. Darin besteht gerade die Wirkung des wahrhaft Schönen, dass es weder angenehm, noch nützlich zu sein braucht und doch unser Gefühl mächtig erregt. Es ist schon bemerkt worden, dass ein einzelner Ton oder eine einfache Farbe ästhetisch gleichgiltig, also weder schön noch hässlich, sind; wohl aber können sie für das Ohr oder das Auge angenehm oder unangenehm sein. Das Nützliche hat einen Zweck, das Schöne nicht; es ist Selbstzweck. Darauf aber, dass das reine ästhetische Wohlgefallen mit den übrigen Arten der Wertschätzung, mit dem Angenehmen, dem Nützlichen und dem zufällig Angestrebten vermischt wird, entstehen die Schwankungen in der ästhetischen Beurteilung der Dinge, die Wandlungen des Geschmacks. Man braucht nur durch eine Gemäldegallerie zu gehen, um diese zu beobachten. Die Kostbarkeit eines Stoffes, die Pracht der Ausstattung, die Frische des Kolorits, die im Bilde enthaltenen politischen, religiösen oder sonstigen Motive üben eine mächtige Wirkung aus und trüben das reine ästhetische Urteil. Und da diese Einwirkungen in jedem Jahrhundert anders auftreten, so hat das ästhetische Urteil auch die mannigfaltigsten Wandlungen durchgemacht.

Durch die Vermischung des ästhetischen Wohlgefallens mit den subjektiven Antipathien oder Sympathien, oder auch mit den herrschenden Vorstellungen des Tages sinkt der ästhetische Geschmack zum Modegeschmack herunter, welcher sich durch eine ausserordentliche Veränderlichkeit auszeichnet. Der alte Spruch: Blau und Rot ist Bauernmod' hat längst keine Gültigkeit mehr, und das sprüchwörtliche Grün und Gelb hat lange Bürgerrecht gewonnen. Es giebt nichts, was die Mode nicht schön finden könnte. —

Auf das Wahre richten sich die intellektuellen Gefühle, diejenigen, welche die Fällung des Urteils begleiten und zwar während der voraufgehenden Ueberlegung als Unlust, denn wir sind in Ungewissheit und Zweifel, ob der Erfolg mit unsern bisherigen Erkenntnissen, mit unserer festen Ueberzeugung übereinstimmen wird oder nicht. Haben wir aber unsere Entscheidung aus klaren Gründen gefällt, so entsteht in uns das angenehme Gefühl der Entschiedenheit. Wird von andern ein Urteil ausgesprochen, welches mit unsern Überzeugungen in Übereinstimmung steht, so haben wir das Gefühl der Wahrheits-Freude; Irrtum und Lüge dagegen erwecken in uns Unlust über die Unwahrheit. Voll Freude rief

Archimedes, als er die ihm von König Hiero gestellte Aufgabe gelöst und den Gewichtsverlust des Goldes und Silbers im Wasser entdeckt hatte: Heureka, ich habe es gefunden. Und als Pythagoras den nach ihm benannten mathematischen Lehrsatz erkannt hatte, da brachte er aus Freude dem Jupiter ein Opfer von hundert Stieren dar. Das ist die Freude, von der Schiller sagt:

> Aus der Wahrheit Feuerspiegel
> Lächelt sie den Forscher an.

Von der Freude an der klar erkannten Wahrheit ist das Wahrheitsgefühl zu unterscheiden, vermittelst dessen über die Richtigkeit einer Behauptung entschieden werden kann, ohne dass wir imstande wären, die Gründe für unser Urteil klar darzulegen; wir berufen uns in solchen Fällen allein auf unser Gefühl. Wir haben dabei eine dunkle Vorstellung von der Uebereinstimmung oder dem Widerstreit zwischen der gehörten Behauptung und unserer festen Ueberzeugung. Stimmt ein Satz mit unseren Erkenntnissen, so vermögen wir ihn uns anzueignen und haben das Gefühl der Wahrheit und Richtigkeit. Widerspricht eine Ansicht unseren befestigten Vorstellungen, so können wir sie nicht annehmen und haben das entgegengesetzte Gefühl. Diese Regungen des Wahrheitsgefühls sind wichtig, weil sie in vielen Fällen und bei vielen Menschen an die Stelle der Wahrheitserkenntnis, des klaren Denkens treten.

> Was kein Verstand der Verständigen sieht,
> Das übet in Einfalt ein kindlich Gemüt.
> (Schiller. Worte des Glaubens.)

Freilich dürfen unsere inneren Überzeugungen keine Vorurteile sein, wie sie durch Erziehung, Stand, Religion so oft in den Menschen erzeugt werden. In solchen Fällen wird dieses Gefühl ein falsches, widersetzt sich oft klaren Gründen und wirkt im Menschenleben hemmend, ja zerstörend. Einer neuen Wahrheit ist nichts schädlicher, als ein alter Irrtum, sagt Goethe (Sprüche in Prosa: Ueber Naturwissenschaft 3). Aber von dem Unbefangenen wird die Richtigkeit eines Ausdrucks, das Trügerische eines Schlusses, der Unterschied zweier Dinge, z. B. eines Diners oder eines Soupers, oft viel schneller herausgefühlt, als in klaren Gedanken ausgesprochen, und von den höchsten Wahrheiten sind viele Menschen bloss auf Grund des Wahrheitsgefühles überzeugt. Namentlich bei gebildeten Frauen zeichnet das Gefühlsleben sich durch eine besondere Sinnigkeit und Innigkeit aus, und häufig sind sie durch ihr Gefühl weit mehr befähigt, das Richtige zu treffen, als der Mann. —

Wenn das verständige Denken von ästhetischen und intellektuellen Gefühlen begleitet ist, werden durch vernünftiges Denken moralische und religiöse Gefühle erweckt. Durch die Vernunft gelangt der Mensch zur Erkenntnis des Guten oder Bösen, der Grundlage aller Sittlichkeit. Die Quelle der moralischen Gefühle ist die Harmonie oder Disharmonie des Wollens mit seinem idellen Musterbilde. Wo wir ein Wollen gewahr werden, welches diesem entspricht, d. h. so beschaffen ist, wie es sein soll, sprechen wir eine Billigung aus, die sich als ein moralisches Lustgefühl ankündigt. Willenserscheinungen dagegen, die mit den sittlichen Ideen im Widerspruch stehen, erwecken unser Missfallen. Ist dies Wollen unser eigenes, so spricht in diesen Gefühlen unser Gewissen, welches uns im ersten Falle ein sanftes Ruhekissen bereitet, im letzteren durch die Gefühle der Scham und der Reue schwere Qualen verursachen kann. Beobachten wir dies Wollen bei anderen, so empfinden wir Achtung oder auch Verachtung.

Endlich die religiösen Gefühle haben ihren Grund in den Vorstellungen von Gott und einer jenseitigen Welt. Besonders in entscheidenden Zeiten, wenn verheerende Krankheiten Hunderte hinwegraffen, wenn das Schlachtenglück schwankt oder Sturm und

Wellen die Schiffe bedrohen, verhehlt sich nicht leicht ein Mensch, dass er ohnmächtig und von einer höheren Macht abhängig ist, welche über Leben und Tod gebietet. Aber auch nach einer andern Seite hin drängt sich uns dies Gefühl der Abhängigkeit auf. Lessing sagt:

Wer Gott leugnen kann, muss sich auch leugnen können. Bin ich, so ist auch Gott. Er ist von mir zu trennen, Ich aber nicht von ihm. Er wär', wär ich auch nicht, Und ich fühl' was in mir, das für sein Dasein spricht. Weh' dem, der es nicht fühlt und doch will glücklich werden, Gott aus dem Himmel treibt, und diesen sucht auf Erden. — Je mehr wir der allgemeinen Gültigkeit des Sittengesetzes inne werden, je tiefer wir seine Herrlichkeit und Majestät fühlen, desto mehr befestigt sich in uns die Überzeugung, dass es von einem erhabenen und heiligen Willen, vom höchsten Gesetzgeber herrühre. Dies Gefühl der Abhängigkeit von einem allmächtigen Lenker unserer Schicksale und heiligen Gesetzgeber für unser Wollen ist die Grundform des religiösen Gefühls; in weiterer Entwickelung gestaltet sich dasselbe zur Ehrfurcht, zur Liebe und zum Vertrauen gegen Gott. Sind wir mit ihm durch diese verbunden, so empfinden wir das Gefühl des Friedens und im Hinblick auf das ewige Leben der seligen Hoffnung.

Ungemein gross ist also die Zahl der Gefühle und viele von ihnen wirken oft gleichzeitig auf uns ein. Das Resultat derselben giebt sich als Gemütsstimmung kund, die daher je nach dem Überwiegen der Lust- oder der Unlustgefühle sich als Aufgelegtheit oder Unaufgelegtheit, als Frohsinn oder Trübsinn bemerkbar machen kann. Diese Stimmungen werden jedoch auch von den sinnlichen Empfindungen und von dem jeweiligen körperlichen Befinden beeinflusst. Wie schon im Eingange bemerkt, macht Sonnenschein fröhlich, Nebel verdriesslich. Die Lust über glücklich vollbrachte Thaten, überstandene Prüfungen und Ähnliches erwecken die Gefühle des Mitgefühls und lassen uns mildthätig und freigebig werden; die Sorge wegen bevorstehender Arbeiten und Unternehmungen, die Anwesenheit antipathischer Persönlichkeiten können die angenehmsten Gefühle niederdrücken. Auch hier muss die Vernunft Herrscherin bleiben, und der gebildete Mensch, der ihren Gesetzen folgt, wird sich nie von seinen Stimmungen völlig beherrschen lassen.

Die Gefühle können sich leicht in Affekte, Gemütsbewegungen und Gemütserschütterungen verwandeln. Das Gemüt ist der Inbegriff aller Erscheinungen des Fühlens und Begehrens. Bewegen sich diese in gewohnter Menge und Geschwindigkeit, geht also das Seelenleben seinen gewohnten Gang, so ist das Gemüt ruhig, wir fühlen uns gemütlich, die entgegengesetzten Zustände nennt man Affekte. Die Gemütsruhe wird durch überraschende Wahrnehmungen gestört, die Gefühle steigern sich dermassen, dass sogar auffallende körperliche Erscheinungen, Aufregung oder Herabstimmung des Nervensystems hinzutreten. Daher teilt man die Affekte in sthenische oder lösende, und asthenische oder lähmende, bindende ein. Im Gefühle wächst einerseits der Fluss der Vorstellungen, wird aber noch vom Denken geleitet; — etwas Störung drängt, und es stürmen die Vorstellungen auf uns ein; zu Tausenden schwirren sie um unsern Kopf; wir wissen sie nicht mehr zu lenken, und was wir dann thun, geschieht verwirrt und überstürzt. Oder im Bewusstsein stockt der Vorstellungslauf gänzlich und bleibt momentan ganz stehen; es tritt eine vollständige Leere ein; wir können weder denken noch handeln.

Zuweilen schlägt der asthenische Affekt auch in einen sthenischen um. Der Zorn, in welchem sich besonders die lösenden Affekte verkörpern, tritt bei manchen Menschen im Anfange lähmend auf, so dass sie einige Augenblicke unbeweglich bleiben, dann aber bricht er los. Die Furcht, welche sehr gut die asthenischen vertritt, ruft Schweigen, Unentschlossenheit, Thatenlosigkeit hervor. Der Schreck wirkt häufig zuerst lähmend, dann sthenisch, aber verwirrend, so dass man das Allerverkehrteste thut. Die vornehmsten lösenden Affekte sind freudige Überraschung, Lustigkeit, Ausgelassenheit, Freudenrausch, Entzücken, Mut, Zorn, Groll, Ärger, Ingrimm. Bewunderung, Begeisterung: die lähmenden sind beklommenes Staunen, Verlegenheit, Verblüffung, plötzliche Verstimmung, schmerzliche Überraschung: Bangigkeit, Niedergeschlagenheit, Kleinmut, Scham, Furcht und Angst, Schreck, Grauen, Entsetzen, Reue, Verzweiflung. —

Das auffallendste und deutlichste Unterscheidungsmerkmal zwischen Gefühl und Affekt liegt aber darin, dass wir im ersteren die äussere, körperliche Ruhe behalten, während sie im Affekt verloren geht. Der gewaltige Stoss, den unser ganzes Bewusstsein durch den effekterzeugenden Eindruck erleidet, pflanzt sich infolge der innigen Wechselwirkung zwischen Leib und Seele auf das gesamte Nervensystem fort. Daher die auffallenden körperlichen Erscheinungen, welche sich zeigen, der plötzlichen An- und Abspannung der Muskeln (Ballen der Hände, Stampfen mit den Füssen, Lachen, Zittern, Krampf, Lähmung), des veränderten Blutumlaufs (Erröten, Erbleichen, Herzklopfen), der Aus- und Absonderung, z. B. der Galle, des Speichels, der Thränen, des Schweisses, der Respiration (zorniges Schnauben, ausser Atem geraten) u. dgl. Auf seinem Höhepunkte raubt der Affekt die Sprache und kann Ohnmacht, ja den Tod bewirken. Aber des Krösus stummer Sohn fand die Sprache wieder, als er seinen Vater in Lebensgefahr sah. Manches Ereignis, welches als ein Wunder angesehen und angestaunt wurde, erklärt sich ganz natürlich aus der Stärke des Affekts. —

Die ungewöhnliche Störung der Nervenzustände übt aber auf die Seelenzustände eine gewaltige Rückwirkung aus. Der gesteigerte oder herabgedrückte Erregungszustand des Nervensystems kann gemäss dem Beharrungsgesetze nicht sofort zu seiner normalen Thätigkeit zurückkehren und verhindert dadurch auch die Rückkehr der Vorstellungen zu ihrem Gleichgewichtszustande. Der Affekt muss anstoben; wir können uns nicht gleich sammeln oder fassen. So ist es also der Körper, der im Zustande des Affektes, wenngleich nur vorübergehend, den Geist unter seine Herrschaft beugt und ihm die freie Selbstbestimmung raubt. Daher: Der Mensch soll nie die Herrschaft über sich verlieren!

Es ist ein weites Gebiet, über welches ich Sie rasch zu führen gewagt habe. Ich weiss nicht, ob ich Gefühle in Ihnen erweckt habe, hoffentlich nicht die der Langeweile und der Enttäuschung. Ich aber wäre sehr glücklich, wenn mich das der Befriedigung nach Hause begleiten könnte.

Leidenschaft und Wille.

Nur im Willen ist der Rat, sonst nirgends, sagt der Wandsbecker Bote Claudius und spricht mit diesen wenigen Worten fast die grösste und wichtigste Lebensweisheit aus. Rückert preist den Willen mit den Worten

Ich will! Die höchste Kron ist dieses, die mich schmückt,
Der Freiheit Siegel, das mein Geist sich aufgedrückt.

Wollen ist ein unbedeutendes Wort; nur ein Hülfswort, und doch wird es so hoch gestellt? Das reizt zur Unterschung. — Es ay solch's kann aber nicht zur Klarheit führen, wenn wir nicht mit dem Keime beginnen, aus dem der Wille hervor wächst. Dieser Keim ist das Begehren. Es entsteht allemal aus einem Seelenzustande, der einen andern Seelenzustand herbei zu führen wünscht. Der erste von beiden beruht also auf einem Unlustgefühl, welches die Seele in ein Lustgefühl umzuwandeln strebt. Wir machen uns von diesem eine Vorstellung und fragen uns: Warum kann ich es nicht erreichen? Es ist eine Hemmung vorhanden, und diese wünschen wir zu beseitigen. Der Durstige empfindet ein solches Unlustgefühl und wünscht dasjenige herbei, welches die Stillung des Durstes hervorbringt; er begehrt daher ein Glas Wasser. Hieraus erkennen wir zweierlei. Zunächst machen wir uns eine Vorstellung von dem erstrebten Zustande, dann denken wir an das Mittel, durch welches wir ihn herstellen können, und dieses begehren wir. Um sich seiner zu bemächtigen, entsteht ein gewisser Kampf, der darauf beruht, dass also eine Vorstellung nach eigener Förderung trachtet, und sich gegen die im Bewusstsein befindlichen Gegensätze und Hemmungen auflehnt. Sieht der Unbemittelte jemanden im Reichtume schwelgen, so spiegelt ihm die Phantasie alle jene Gefühle, vor die bei ihm eintreten würden, wenn er auch reich wäre; es entsteht in ihm ein Unlustgefühl, das er beseitigen will; er trachtet nach dem Golde. Weilen wir einsam und verlassen fern von zuhause, so entsteht in uns das Heimweh; wenn wir die Fremde nicht verlassen können, so empfinden wir sie als eine Hemmung und verabscheuen sie; oft ohne Grund. — Ein solches Begehren kann dermassen in unserem Bewusstsein emporsteigen, dass es darnach trachtet, allein die Thätigkeit unserer Seele zu bestimmen, so dass wir, wie man sagt, für nichts anderes Sinn haben, als es zu befriedigen. Wir nennen es dann eine Begierde. —

Die Antriebe des Begehrens können in sinnlichen, in verständigen und endlich in vernünftigen Vorstellungen liegen, und darnach teilt man seine Erscheinungen in drei Gruppen.

Das sinnliche Begehren ist entweder ein bleibendes, habituelles, oder ein vorübergehendes, aktuelles. — Zu jenem gehören die Triebe und Neigungen, zu diesem die Begierden.

Die Triebe beruhen auf dem Organismus der menschlichen Natur. Unser Körper ist in einer beständigen Neubildung begriffen und bedarf daher derjenigen Stoffe, die ihm als Nahrungsmittel zugeführt werden. Das Fehlen derselben bewirkt zunächst die Empfindungen des Hungers und des Durstes, und diese kehren regelmässig wieder. Auf der Gleichartigkeit unseres körperlichen Organismus mit dem des Tieres beruht es, dass wir diese Triebe auch bei diesem finden. Daher ist der verbreitetste von ihnen der Nahrungstrieb und mit ihm derjenige der Selbsterhaltung. Letzterer bestimmt den Menschen, alles zu versuchen, um sein Leben zu retten, und begründet die Todesangst. Selbst ein Egmont spricht: Süsses Leben, schöne, freundliche Gewohnheit des Daseins, von dir soll ich scheiden!

Wie der Nahrungstrieb in Thätigkeit tritt, wenn es dem Körper an Nahrungsstoff mangelt, so der Bewegungstrieb, wenn der Stoffumsatz fehlt, denn dieser wird durch die Bewegung der Muskeln und Nerven befördert. Er tritt besonders im Kindesalter auf und macht, dass der Säugling zappelt, der Knabe nichts lieber thut, als rennen und klettern, aber auch der Jüngling und der Mann gern gymnastische Uebungen treiben. Auf ihm beruht die Freude am Spazierengehen, besonders aber auch am Tanze und es ist wohl begründet, dass die Damen diesen im allgemeinen mehr lieben, als die Herren, denn sie entbehren viele Möglichkeiten, dem Bewegungstriebe Raum zu geben, die jenen offen stehen. Umgekehrt erscheint jede Zwangslage, wie die des Kranken, der sich nicht rühren soll, des Gefesselten u. s. w. als peinlicher Zustand, weil sie den Bewegungstrieb hemmt. —

Mit ihm hängt der Vorstellungstrieb zusammen, so dass man beide auch wohl als Thätigkeitstrieb bezeichnet, nur dass jener physischer, dieser psychischer Art ist. Er beruht auf dem Bestreben der Vorstellungen in unserm Bewusstsein, sich zu entwickeln, und findet seine Befriedigung in der Unterhaltung mit ihrem reichen Vorstellungswechsel, während geistige Langeweile, welche durch den Mangel an demselben hervorgerufen wird, eine qualvolle Hemmung übt. Der Thätigkeitstrieb ist der edelste von allen. Er ist es, der den Menschen zum Erfinder, zum Künstler, zum Gelehrten gemacht hat. Wäre er nicht, so würde kein Staat bestehen, kein Fortschritt der Kultur stattfinden. Er ist es, der den Menschen antreibt, Ruhm, Reichtum, Herrschaft zu erringen. Wem er fehlt, den schalten unsere Vorfahren einen Bärenhäuter.

Während dem Triebe stets ein natürliches Bedürfnis zu Grunde liegt, überschreitet die sinnliche Begierde häufig diese Grenze und schafft, wie beim Tabakrauchen, durch Erziehung, Sitte und Gewohnheit begründete künstliche Triebe.

Ihm verwandt und eigentlich nur eine Steigerung ist der Instinkt des Tieres. Er beruht darauf, dass sein Organismus für gewisse Verrichtungen besser ausgebildet ist, als der menschliche, freilich aber auch gebundener ist, als dieser. Daher leisten die Tiere in manchen einzelnen Dingen Erstaunliches, während der Mensch vielseitiger ist. Denn das Tier hat einen beschränkteren Kreis von Reizen und Begehrungen, während sie beim Menschen viel zahlreicher sind, sich aber auch unter einander weit mehr hemmen und stören. Der Kunsttrieb des Tieres vollzieht sein Werk mit bewundernswürdiger Genauigkeit, weil sein Organismus nur auf ein bestimmtes Werk, aber mit ungewöhnlicher Vollkommenheit eingerichtet ist. Er braucht nur in Bewegung gesetzt zu werden, und wird nach wenigen Versuchen von selbst in jene Bahnen gelenkt, welche der in ihm verwirklichten Idee entsprechen. Die Spinne wird spinnen, der Biber bauen. Schwieriger ist es allerdings, die Einzelheiten der instinktartigen Thätigkeit zu erklären und anzugeben, wie es kommt, dass jede Nachtigall den ihrer Gattung eigentümlichen Schlag befolgt, dass die politische Verfassung des Ameisenstaates allerorten die nämliche ist, dass sich jede einzelne Ameise ohne vielen Unterricht in die gesellige Ordnung fügt. Diese Einzelheiten sprechen dafür, dass der Instinkt vieles, aber nicht alles zu leisten vermag, und dass auch bei ihm manches durch den Wechsel der sinnlichen Empfindungen aus der nächsten Umgebung bestimmt wird. Wir sehen die Tiere auf die veränderliche Lage, in der sie sich befinden, Rücksicht nehmen, in ihrer Thätigkeit das Misslungene wiederholen und das Mangelhafte verbessern. Die Papierwespe bereitet sich für ihr Nest aus Holzspänen und Wasser eine papierähnliche Masse; findet sie aber fertiges Papier, so zieht sie dies allem andern vor. —

Das Gegenstück des sinnlichen Triebes ist der natürliche Widerwille gegen gewisse Reize, der sinnliche Abscheu, der mit der Vorstellung gewisser Eindrücke, z. B. gewisser Speisen, Getränke, Gerüche, Farben u. dgl. verbunden ist. Die Motive hierzu haben häufig in den sogenannten Idiosynkrasien ihre Quelle, d. h. in der individuellen Beschaffenheit der Sinnesorgane und den dadurch bedingten Unlustgefühlen. —

Von den sinnlichen Trieben unterscheiden sich die sinnlichen Begierden. Während jene an sich dunkel sind, geht bei der Begierde die klare Vorstellung des Begehrten voran; ferner ist der Trieb dauernd, die Begierde vorübergehend. Sie richtet sich besonders auf das Angenehme, das Anregende, das Glänzende und das Bewegte. Weil ihr Genuss von angenehmen Körperempfindungen begleitet ist, werden wohlschmeckende Speisen begehrt, während der Trieb nur Nahrung im Allgemeinen verlangt. Die Annehmlichkeiten des Landlebens reizen den Städter, und die der Stadt den Landmann. Weil sie anregt, lockt die Musik mit scharf hervortretendem Rhythmus. Was die Aufmerksamkeit auf sich zieht, das erregt die Begehrlichkeit der Sinne, und umgekehrt. Das Kind will das, was es sieht, auch belasten und schmecken. Vornehmlich ziehen das Glänzende und das Bewegte die Aufmerksamkeit auf sich. Das strahlende Metall, und schimmernde Edelsteine haben manchen in Versuchung geführt; der Glanz der Kostüme und Dekorationen lockt zum Theater, und die Waren in den Schaufenstern werden hell beleuchtet, damit sie begehrt werden. In einer ruhenden Umgebung bewirkt die Wahrnehmung des sich Bewegenden dasselbe; die Katze hascht nach dem Knäuel, der Hund läuft dem Rade nach, das Kind spielt gern mit dem Ball; in einer Landschaft fesselt unser Auge eine Schar von Wanderern, ein Eisenbahnzug; in einem Garten ein Wasserfall oder der emporsteigende Strahl des Springbrunnens. So sagt Goethe: (Faust II. Teil)

> Der Wassersturz, das Felsenriff durchbrausend,
> Ihn schau ich an mit wachsendem Entzücken.
> Von Sturz zu Sturzen wälzt er jetzt in tausend,
> Dann abertausend Strömen sich ergiessend,
> Hoch in die Lüfte Schaum auf Schäume sausend.

Die Triebe entspringen aus der Beschaffenheit unserer Natur, welche zwar allen Menschen gemeinschaftlich ist, aber bei aller Übereinstimmung sind die verschiedenen Menschen doch wieder verschieden organisiert, der eine bei seinem feinen Gehör mehr für Gehörsvorstellungen, wie sie der Musiker bedarf, ein anderer mehr für Gesichtsvorstellungen, wie sie der Maler nötig hat; in einem dritten haben wegen seiner günstigen Handbildung die Tastvorstellungen eine Feinheit, wie sie dem Bildhauer not thut. Solche organische Bedingungen, welche eine bestimmte Thätigkeit fördern, heissen natürliche Anlagen. Eine Thätigkeit, zu welcher solche vorhanden sind, gelingt über Erwarten. Daraus entsteht die Begierde, sie zu wiederholen; aus der durch das wiederholte Gelingen hervorgehenden Befriedigung erwächst die Neigung, also ein dauerndes Begehren, welches in der natürlichen Anlage begründet ist.

Doch kann die Neigung auch noch einen andern Grund haben, nämlich die Gewohnheit. Wer etwas wiederholt thut, der erwirbt sich darin, wie gesagt, Fertigkeit, denn die Übung macht ihm die Aufgabe leichter. Dies erweckt in ihm angenehme Gefühle, aus denen eine Gewohnheit und zuletzt eine Neigung wird. Es liegt auf der Hand, dass diese sowohl nach der guten, wie nach der schlimmen Seite ausschlagen kann. Im letzteren Falle nennen wir sie einen Hang, und dieser kann zu einem Laster werden. — Aber was man sich angewöhnt, kann man sich auch wieder abgewöhnen. Alles dieses ist für die Erziehung sehr wichtig, denn man kann Kindern, auch sich selbst, das Gute z. B. Ordnung, Reinlichkeit, Fleiss, Anstand an —, das Tadelnswerte abgewöhnen. Hamlet sagt:

> Das Ungeheuer Gewohnheit, die, ein Teufel,
> Hinwegfrisst jegliches Gefühl des Lasters,
> Ist darin doch ein Engel, dass sie auch
> Der Übung herrlicher und edler Thaten
> Nicht minder Kleidung oder Tracht verleiht,
> Die jeden ziert. Bezwingt euch einmal nur!
> Das giebt auch eine Art von Leichtigkeit
> Zu folgender Enthaltung. Denn die Übung
> Verändert fast den Stempel der Natur.

Wo die Neigung und ihr Gegenstück, die Abneigung, sich auf beseelte Wesen richten, führen sie den Namen Liebe und Hass. Beide unterscheiden sich von der einfachen Begierde und dem Abschen dadurch, dass es ihnen um die Erhaltung ihres Gegenstandes zu thun ist, der Liebe, um ihn zu geniessen, dem Hasse, um ihn verfolgen zu können. Beide Bezeichnungen werden allerdings in bildlicher Sprache auch auf unbelebte Wesen übertragen, denn man spricht von einer Liebe zum Vaterlande, zu Blumen und dergleichen, wie von einem Hasse gegen die Lüge und Verstellung.

Alle diese Begehrungen, der Trieb, die Neigung und der Hang, lassen sich durch vernünftige, auf Grundsätzen beruhende Überlegung in Schranken halten. Aber die Begierde kann zur Leidenschaft werden, wenn sie alle Vorstellungskreise des Menschen durchsetzt, wenn sie des ganzen Gemütes sich bemächtigt, wenn sie so stark wird, dass sie alle Interessen sich unterwirft und keine höhere Macht im Bewusstsein neben sich duldet. Die Leidenschaft hat ihren Namen mit Recht, denn wo sie herrscht, ist der Seelenzustand ein leidender. Zunächst deswegen, weil sie eine mehr oder weniger bedeutende Verschiebung in der Wertschätzung der Interessen und Angelegenheiten des Menschen hervorruft. Nicht ein vernünftiger Maassstab wird angelegt, sondern die Dinge erhalten einen um so grösseren Wert, je mehr sie sich als Befriedigungsmittel des leidenschaftlichen Strebens herausstellen. Der von einem solchen Ergriffene entbehrt meistens der Einsicht nicht, dass er die Dinge falsch beurteilt; aber es ist vergeblich, denn der Verstand hat die ihm zukommende Herrschaft verloren.

O der Verstand ist ein gar stiller
Zornscheuer Eh'mann, geht geschwind bei Seite,
Sobald sein tolles Weib, die Leidenschaft
Daheim zu keifen anfängt, bis der Aufruhr
Sich legt (Lessing).

Die Gesundheit des geistigen Lebens besteht aber ferner darin, dass die Vorstellungen sich gegenseitig bestimmen. Dies findet jedoch bei dem Leidenschaftlichen nicht statt, weil eben der in ihm zur Alleinherrschaft gelangte Vorstellungskreis das ganze Bewusstsein beherrscht und sich von keiner Seite eine Berichtigung gefallen lässt. Der Spieler kann vom Spiel nicht lassen, wenn ihm auch die eindringlichsten Vorstellungen, selbst von seiner eigenen Vernunft gemacht werden. Deshalb handelt der Leidenschaftliche auch unvernünftig und unfrei. Er befindet sich in einem durchaus anormalen Zustande. Der Schwerpunkt seines geistigen Lebens ist bei ihm in den Vorstellungskreis seines leidenschaftlichen Begehrens verrückt; alle übrigen Interessen sind auf gewaltsame Weise verschoben. Eubulides, sagt Jean Paul, erfand sieben Trugschlüsse; jede Leidenschaft erfindet für sich sieben mal sieben. Napoleon I., einer der grössten Geister aller Zeiten, würde vielleicht lange haben regieren und eine glückliche Dynastie begründen können, wenn die Herrschsucht nicht sein Denken irre geführt hätte. Und die Rachsucht der gegenwärtigen Franzosen lastet wie ein schwerer Druck auf ganz Europa und verhindert jede freie und gesunde Entwicklung.

Das ist der Leidenschaften furchtbar Wesen,
Dass sie in uns das Menschliche verzehren.
Sie sind ein finster, giftig glühend Meer;
Ein Tropfen nur erflammt und mehrt den Durst,
Dass ganze Ströme bald ihn nicht mehr löschen,
Bis wir uns häuptlings in die Wellen stürzen,
Die überrauschend eilig uns begraben: (Ernst v. d. Malsburg.)

Der Leidenschaftliche hat für nichts anderes Sinn, als was mit seiner Leidenschaft auf irgend eine Art zusammenhängt. Der Habsüchtige und Geizige erfasst die Welt nur vom Standpunkte des Besitzes (Geld ist die Losung), der Ehrsüchtige von dem der Auszeichnung vor andern. Für den Leidenschaftlichen entrollt die Natur umsonst das erhabene Bild ihrer ewigen Ruhe; er ist blind gegen ihre stets neu sich erzeugende Schönheit, stumpf gegen die Genüsse der Kunst, taub gegen die Lehren der Wissenschaft; nur die Begierde vermag ihn noch zu kitzeln. —

Wie entsteht nun die Leidenschaft?

Zunächst aus einem Übermass der Befriedigung, denn mit einer jeden solchen erstarkt die Begierde. Der an eine gute Tafel Gewöhnte legt leicht allzu grossen Wert auf Leckerbissen; der mit Beifall belohnte Sänger oder Schauspieler kann zuletzt gar nicht mehr ohne denselben leben und verzweifelt, wenn er ausbleibt. Unterlässt man es, diese Begierde dann und wann durch edlere Gegenbestrebungen zu unterdrücken, lässt man ihr frei die Zügel schiessen, so kann sie leicht aus dem Stadium der Neigung und des Hanges in das der Leidenschaft überspringen. Die meisten Leidenschaften entstehen aus dem Mangel an sittlicher Selbstzucht, und je älter sie werden, desto schwerer ist es, sie zu bemeistern.

Aber sie können auch durch die gänzliche Entziehung der Befriedigung hervorgebracht werden. Das äussere Hemmnis derselben bildet einen Damm, gegen den der Strom des Begehrens ankämpft. Ist dieser zu schwach, um ihn zu durchbrechen, so zerschellt er an ihm, verflacht sich in die Breite und findet in anderen Bestrebungen seinen Abfluss; ist er mächtig genug, so reisst er den Damm mit sich fort und schreitet in ungebundener Freiheit einher. So kann das unbefriedigte Verlangen in eine stille Sehnsucht verhauchen, es kann aber auch, mit dem Widerstande wachsend, zur Leidenschaft werden.

In dem Augenblicke nun, in welchem dies sich vollzieht, nimmt sie sofort den trügerischen Schein der Freiheit und der Charakterstärke an. An die Stelle des Ichs, wie es war, ist ein neues Ich — der leidenschaftliche Mensch — getreten, und dieses kennt keinen Widerstand, kein Bedenken, keine Auswahl unter den Mitteln. Ist der Gegenstand der Leidenschaft ein edler, wie Vaterlandsliebe, Freundschaft, nationales oder humanitäres Streben, so kann von ihr sogar Grosses geschaffen werden. Manches in der Weltgeschichte, welches wir noch heute bewundern, ist aus edler Leidenschaft hervorgegangen. Allein diese ihre scheinbare Freiheit und Grösse sinkt desto schneller zusammen, jemehr die Widersprüche hervortreten, in welche sich ihr Gedankenkreis und ihre Thaten und Unternehmungen mit dem ursprünglichen Ich des Menschen und seiner besseren, sittlichen Einsicht setzen. Diese Widersprüche bleiben nicht aus. Es hat der Leidenschaft nicht an Lobrednern gefehlt, welche alles Grosse nur von ihr ableiten wollten, allein wenn sie auch nicht unter allen Umständen unsittlich ist, denn es haben Fanatiker des Wohlwollens und leidenschaftliche Religionsschwärmer gelebt, so ist sie doch unter allen Umständen gefährlich, weil sie jeden Augenblick mit dem Gewissen des Menschen zusammenstossen und dieses ihr dann erliegen muss. So wenn nach der Sage der heilige Crispin den Reichen das Leder stahl, um den Armen daraus Schuhe zu machen, wenn zur Ehre Gottes Andersgläubige auf Scheiterhaufen verbrannt wurden.

Ein noch traurigeres Bild bietet sie im Stadium ihres nicht aufzuhaltenden Verfalles. Der Reiz der Begierde hat sich durch das Übermass der Befriedigung abgestumpft; der Zwiespalt zwischen dem leidenschaftlichen Bewusstsein und dem Gewissen bricht in bitterer Reue hervor, und das scheinbar so hohe Kraftgefühl des Leidenschaftlichen in kläglicher Ohnmacht zusammen.

Um die Sünde flechten Schlangenwirbel
Scham und Reu', das Eumenidenpaar.

sagt Schiller, und schon Petrarca singt

Und Scham ist nun die Frucht der Eitelkeiten,
Und büssendes Bereun, und klar Erkennen,
Dass, was der Welt gefällt, ein kurzes Träumen.

Selten findet noch ein Aufraffen des Menschen zum sittlichen Leben statt; in den meisten Fällen gesellt sich zur geistigen Abstumpfung noch die physische und haucht die Leidenschaft ihr Leben in asthenischen Affekten aus oder endet in Verzweiflung. —

Die Leidenschaften und die Affekte sind einander darin ähnlich, dass sie die Besonnenheit rauben. Sie unterscheiden sich aber wiederum dadurch, dass diese, wie ich schon in einem früheren Vortrage darlegte, aus Gefühlen, jene aus Begierden hervorgehen. Ferner entsteht und verschwindet ein Affekt schnell; die Leidenschaft bildet sich langsam und ist dauernd. „Der Affekt", sagt Kant, „wirkt wie ein Wasser, das den Damm durchbricht, die Leidenschaften wie ein Strom, der sich in seinem Bette immer tiefer eingräbt. Affekte sind ehrlich und offen, Leidenschaften dagegen hinterlistig und versteckt." —

Bei vielen Zuständen können beide im Zusammenhange auftreten. Manche Leidenschaften (wie leidenschaftliche Liebe und Hass, Herrschsucht und Rachsucht) brechen häufig in Affekten aus; andere freilich, wie der Geiz und die Völlerei sind stets affektlos. Im Allgemeinen gilt jedoch die Regel: Wo viel Affekt ist, da ist wenig Leidenschaft.

Wollen wir nun die einzelnen kennen lernen, so ist es sehr schwer, alle aufzuzählen, denn sie stellen sich in den mannigfaltigsten Gestalten dar. Wie schon bemerkt, gehen sie aus den Trieben hervor, und so kann der Nahrungstrieb in Genuss- und Trunksucht (Üppigkeit im Essen und Trinken), der Bewegungstrieb in Tobsucht (die jedoch schon zu den Seelenkrankheiten gerechnet wird), nach Umständen auch in Raufsucht, der allgemeine Selbsterhaltungstrieb in Selbstsucht, die nichts als das eigene Ich kennt, ausarten. Der Thätigkeitstrieb wird zur Spielsucht (insofern diese nicht auf Gewinn ausgeht) und Unterhaltungssucht, und der Mitteilungstrieb zur Plaudersucht. Der Geselligkeitstrieb führt zur Liebe hin, die ebenfalls leidenschaftlich werden und sowohl das einzelne Individuum, als die Familie, die Nation und das Vaterland, ja selbst die ganze Menschheit als schwärmerische Freundschaft, Familienliebe, nationaler Enthusiasmus (Fanatismus) und Patriotismus umfassen kann. In ihrer Hingebung an die fremde Persönlichkeit spröde zurückgewiesen, springt sie infolge gekränkten Selbstgefühls in ihr Gegenteil, den Hass um, der in den meisten Fällen nur dem Individuum gilt. Während die Liebe, die sich ihres Gegenstandes nicht sicher fühlt, von Eifersucht geplagt wird, artet der Hass in Rach- und Schmähsucht aus.

Ehre, Besitz und Herrschaft erscheinen der Selbstsucht als die höchsten Objekte des Begehrens, daher sie sich als Ehrsucht, Geiz und Habsucht, sowie als Herrschsucht äussert. Die Ehrsucht trachtet darnach, dem eigenen Ich bei anderen Persönlichkeiten Anerkennung zu verschaffen; sie ist der nicht unedle Ehrgeiz, wenn sie sich mit der stillen Anerkennung und dem sittlichen Beifalle anderer begnügt; sie wird jedoch zur Eitelkeit, wenn sie nach äusserer Anerkennung körperlicher oder geistiger Vorzüge trachtet, und zum Stolz und Hochmut, wenn sie sich hierbei überhebt und fremde Vorzüge unterschätzt, oder zur Ruhmsucht, wenn ihre Wünsche höher fliegen. Geiz und Habsucht, als leidenschaftliches Streben nach Besitz, suchen die äusseren Güter unter die Herrschaft des Ich zu beugen, um sie zu Befriedigungsmitteln des Begehrens zu machen, schiessen jedoch oft über das Ziel hinaus, indem sie über der Ansammlung der Güter ihre Verwendung vergessen und das Mittel zum Zwecke machen. Die Herrschsucht endlich trachtet nicht nach toten Gütern, sondern will andere Menschen, die gleich berechtigt sind, sich unterthan machen. Aus dieser Leidenschaft sind der Despotismus und die Sklaverei entsprungen: aus dem Gegensatze gegen sie diejenige Sucht nach Freiheit, welche sich gar keiner höheren Macht unterwerfen will und häufig nichts ist, als eine Despotie von unten nach oben. Die französische Revolution bietet davon ein treffendes Beispiel.

Ausser diesen Arten tritt die Leidenschaft noch in der mannigfaltigsten Form auf. Wie können sich nicht Liebe und Hass gestalten? Zuweilen richtet sie sich auf Gegenstände von einem ganz untergeordneten Worte, wie bei der sogenannten Sammelwut, wo sie den Charakter der Monomanie annimmt, häufig unschuldiger Art ist, wie bei den Briefmarkensammlern, aber auch in bedenklicher Weise ausarten kann.

Kann die Leidenschaft geheilt werden? Dies wird um so schwerer sein, jemehr sie in dem gesamten Bewusstsein bereits Wurzel gefasst hat, und jemehr eine sinnliche, z. B. die Trunksucht, in den organischen Veränderungen des Körpers einen nährenden Boden gefunden hat, in welchem sie tief eingewurzelt ist. Hier gilt es, ihr die Nahrung zu entziehen und sie von dem Vorstellungskreise, in welchem sie ihren Sitz hat, gewaltsam loszureissen. Zu diesem Zwecke ist die Vorsetzung in eine andere, entgegengesetzte Leidenschaft vorgeschlagen. Es liegt aber auf der Hand, dass ein solches Verfahren sein Ziel verfehlt. Viel besser, als der Dunstkreis einer neuen Leidenschaft wirkt auf den Gemütskranken der erhebende Aufblick in eine Welt sittlicher, idealer Verhältnisse. Grosse Interessen heilen die Kleinlichkeit der Leidenschaften. Ein edler Freund, eine bildende Lektüre, wissenschaftliche Studien, Kunstgenuss, religiöser Kultus, vor allem aber eine sittliche That können hier den Wegweiser eines neuen harmonisch-befriedigenden Lebens bilden, während schroffes Entgegentreten und strenge Behandlung am wenigsten fruchten.

Das beste Mittel gegen jede aufkeimende Leidenschaft ist ein vernünftiges Wollen. Was heisst das?

Begehrt kann alles werden, was man sich vorstellen kann: aber nicht alles Begehrte wird erreicht, und manches bleibt ein blosser, bedeutungsloser Wunsch. Anders verhält es sich mit dem verständigen Begehren oder dem Wollen. Zu diesem gelangen wir durch die mit richtigem Denken verknüpfte Beobachtung der uns umgebenden Erscheinungen. Wir bemerken dann, dass jede ihre Ursache hat, und erkennen daraus den Zusammenhang zwischen Grund und Folge. Die Wahrnehmung von Erscheinungen der Art, dass der Deckel eines Theekessels, vom Dampfe gehoben, tanzt, führte zu der Erfindung der Dampfmaschine, wie vielleicht schon vor Jahrtausenden die Bearbeitung des Ackers, auf welcher die Landwirtschaft beruht, die Anwendung des Ruders und des Segels bei der Schiffahrt und vieles Ähnliche auf einer verständigen Beachtung der Vorgänge in der Natur abzuleiten sind. So wie nun der Mensch erkannte, dass aus einer bestimmten Ursache mit Gewissheit eine bestimmte Folge hervorging, betrachtete er diese, wenn er sie zu erreichen wünschte, als seinen Zweck, die Ursache als das Mittel dazu. Die Verwirklichung seines Wunsches war also nicht mehr vom Zufall abhängig, sondern er wusste, was er zu thun habe, um sein Ziel zu erreichen. Er machte sich eine Waffe oder ein Netz, wenn er jagen oder fischen wollte: er langte nach einem Beil, wenn er einen Baum fällen wollte, denn er hatte die Gewissheit, dass er mit diesem Mittel seinen Wunsch zu befriedigen imstande sei. Das Wollen bedingt also die Überzeugung, dass man seinen Zweck erreichen werde, und der Strauss in der Fabel machte sich lächerlich, als er fliegen wollte. —

So bewaffnet sich gleichsam die Begierde mit dem Gedanken des Mittels, lernt warten und wählen, giebt die Rücksichtslosigkeit ihres Ungestüms auf, schlägt Umwege ein, sieht die Erreichbarkeit voraus und bestärkt sich in diesem Gedanken. Trendelnburg sagt: Der Wille ist das Begehren, welches der Gedanke durchdrungen hat.

So oft etwas gewollt wird, finden zwei psychische Vorgänge statt, die Überlegung und der Entschluss

Zur Erreichung eines Zweckes können verschiedene Mittel führen, unter welchen eine Wahl getroffen werden muss. Letztere nennen wir die Überlegung; es findet ein Schwanken statt, welches wohl das zweckdienlichste sei, bis man sich für die Anwendung eines bestimmten entscheidet und also einen Entschluss fasst. Die Überlegung kann die gesamten Geisteskräfte des Menschen in Anspruch nehmen, wie wenn der Feldherr den Plan zu einer Schlacht macht; ja selbst die Phantasie wird herbeigezogen, indem man sich vorstellt, was geschehen wird, wenn dies oder wenn jenes Mittel zur Anwendung gelangt. So entwirft auch der Schachspieler seinen Plan und stellt sich jeden möglichen Gegenzug im Geiste vor. Nicht selten ist man in der Lage, als Mittel etwas wählen zu müssen, was unangenehm ist, so dass um des Zweckes willen das Unangenehme begehrt wird. Dies ist wohl zu rechtfertigen und kann zu heroischen Thaten führen, wie wenn Mucius Skävola seine Hand über das glühende Feuerbecken ausstreckt, oder der Held in den Kampf stürzt, um das Vaterland zu verteidigen. Aber es versteht sich von selbst, dass das Schlechte nicht gewählt werden darf, und dass der Satz: „der Zweck heiligt das Mittel" verwerflich ist und bleibt. —

Da der Mensch ursprünglich nicht weiss, was er vermag und kann, so ist sein Wille anfangs schwach und lässt sich durch geringe Schwierigkeiten und Hindernisse von dem zu erreichenden Ziele ablenken. Der Peter in der Fremde, der zum erstenmale in die Welt hinauskam, kehrte um, als er an einen Kreuzweg gelangte und nicht wusste, wohin er gehen sollte. Je öfter man aber den gewollten Zweck erreicht, desto grösser wird die Energie auf diesem Gebiete, denn der wiederholte Erfolg steigert die Überzeugung, ihn abermals erreichen zu können. Diese Energie hängt aber nicht bloss von der Zahl der Erfolge, sondern auch von der der Ziele ab, die man sich setzt. Wird ihre Zahl grösser, so zersplittert sich die Kraft, und die Erfolge nehmen ab, wird aber ein einziges im Auge behalten, so kann es mit ungeteilter Kraft erstrebt und Tüchtiges geleistet werden.

Wer Grosses will, muss sich zusammenraffen;
In der Beschränkung erst zeigt sich der Meister,
sagt Goethe, und Schiller bestätigt dies in den Worten:
Wer etwas Treffliches leisten will,
Der sammle still und unerschlafft
Im kleinsten Punkt die höchste Kraft. —

Das Wollen wirkt nach zwei Richtungen, nach aussen oder nach innen. Betrachten wir zunächst das Erstere.

Um seine Zwecke zu erreichen, benutzt der Mensch die ausser ihm befindlichen Gegenstände als Mittel, setzt sie in Bewegung und verändert sie. Dies geschieht, indem er seinen Körper ganz oder teilweise bewegt, indem er handelt. Denn Handlungen sind Äusserungen des Willens durch Bewegung des Körpers. Sie heissen so, weil die wichtigsten und erfolgreichsten derselben durch die Hand ausgeführt werden. Sie setzen eine Herrschaft der Seele über den Körper voraus; eine solche wird aber erst allmählich erlangt und durch Übung befestigt.

Jede Bewegung der Glieder, jede Zusammenziehung oder Ausdehnung der Muskeln wirkt auf unsere Empfindungsnerven ein und kommt uns durch eine Muskel- oder Bewegungsempfindung zum Bewusstsein; daher sind diese ebenso verschieden, wie jene, und wir unterscheiden deutlich die Empfindung beim Bewegen des rechten Fusses von der des linken; sie sind jedesmal anders, ob wir den ganzen Arm, oder den Vorderarm, oder die Hand, oder die Finger rühren, ob wir einen Kreis, eine senkrechte oder eine wagerechte Linie zeichnen. Die Bewegungsempfindung entspricht genau der Eigentümlichkeit der Bewegung. Je häufiger wir die letztere wiederholen, desto sicherer wird die Verknüpfung beider im Bewusstsein, und so bildet sich auch eine Verbindung zwischen unsern Vorstellungen und den Bewegungsempfindungen. Denken wir an etwas, fällt uns z. B. eine Melodie ein, so möchten wir sie auch singen und die zu der Vorstellung gehörenden Muskelbewegungen machen, und können wir sie nicht singen, so summen wir sie wenigstens. Wer sich daran gewöhnt hat, beim Klavierspielen den Takt mit dem Fusse zu treten, thut es oft auch unwillkürlich und auf störende Weise, wenn er andere spielen hört. Beide Empfindungen, die der Musik und die der Bewegung, sind zu häufig gleichzeitig in seinem Bewusstsein gewesen, und so ruft die eine die andere hervor. Daher kommt man bei lebhaften Vorstellungen oft dazu, die damit verbundenen Gedanken unwillkürlich laut auszusprechen. Kinder und Ungebildete wissen sich in dieser Beziehung nicht zu beherrschen; der Gebildete versteht es. —

Durch die innige Verschmelzung der Muskelempfindung mit den Bewegungsvorstellungen wird die Sicherheit und Raschheit in der Ausführung der gewollten Bewegungen und ihre feinere Nüancierung bewirkt, die wir an Virtuosen jeder Art (Musikern, Gymnastikern, Arbeitern, Operateuren) bewundern. Gedacht, gethan! Wenn der Musiker das Zeichen auf dem Notenblatt sieht, so führt die Hand, der Kehlkopf die erforderliche Bewegung aus. Allerdings kann bei dem enormen Reichtum der Bewegungen und Bewegungsnüancen es zuweilen schwer sein, die Verbindung zwischen der Vorstellung und der Bewegung herzustellen, und daher durch Reproduktion der unrichtigen Muskelempfindungen die beabsichtigte Bewegung misslingen. Wenn der Schütze, der Billardspieler, der Kegler zielt, so sucht er in seinem Gedächtnisse nach der rechten Muskelempfindung, die zur Ausführung der vorgestellten und erforderlichen Bewegung hinführte; er probiert. Dadurch aber beweist er den Mangel an virtuoser Fertigkeit. Der chirurgische Operateur darf sich nicht besinnen; er muss, sobald er ansetzt, auch eingreifen. Nur durch fortgesetzte Übung wird in die Verknüpfung Festigkeit, in die Bewegung Sicherheit gebracht. —

Aber das Wollen wirkt auch nach Innen, indem es mittelst derjenigen Seelenthätigkeit, welche man willkürliche Aufmerksamkeit und Lenkung des Gedankenlaufes nennt, in den Gang der Vorstellungen eingreift. Ich will meine Aufmerksamkeit auf einen bestimmten Gegenstand richten. Um dies ungehindert und ungestört zu können, halte ich alles fern, was meine Gedanken von dem Laufe, den sie zu nehmen haben, ablenkt oder sie in eine andere Gedankenreihe überführt. Das thue ich, wenn ich mich auf etwas besinnen will, z. B. wenn ich etwas suche, das ich verloren habe. Ich mache mir einen Plan, wie ich es finden will; ich stelle die Räume fest, in denen ich gewesen bin, die Thätigkeiten, die ich ausgeübt habe, und verfolge nun die Reihe derselben auf das Genaueste, ohne mich beirren zu lassen. Der Redner, der seinen Vortrag auswendig gelernt hat, darf den Faden nicht verlieren; er muss ihn so beherrschen, dass er ihn, wenngleich er ihn vielleicht infolge eines Zwischenrufes verlässt, sogleich wieder aufnehmen kann. Der Denker, welcher ein bestimmtes Problem lösen will, macht es ebenso; ja wir können sogar gewisse Seelenzustände in uns hervorrufen, Heiterkeit, Ernst, Trauer, ja selbst Andacht, durch eine geeignete Sammlung unseres Gemütes.

Wenn wir also unser Denken unserem Willen unbedingt unterwerfen können, so üben wir damit eine Selbstbestimmung aus, die wir die psychologische oder innere Freiheit nennen, und von der Schiller sagt:

> Der Mensch ist frei geschaffen, ist frei,
> Und wär' er in Ketten geboren.

Der Mensch kommt im Laufe des Seelenlebens in die verschiedenartigsten äusseren Lagen, welche zu dem mannigfaltigsten Wollen und Handeln führen. Würde er immer nur den äussern Antrieben folgen, also immer mit dem Strome schwimmen oder mit den Wölfen heulen, so wäre er im höchsten Grade unfrei, weil die Entscheidung, w i e er handeln will, nicht von ihm, sondern von äussern Umständen abhinge. Bestimmt er sich aber nach inneren praktischen Grundsätzen und Maximen, so tritt, jemehr er dies thut, auch die Freiheit des Willens desto stärker hervor. Jene Grundsätze aber unterscheiden sich scharf von den sogenannten Vorsätzen. Diese sind nur theoretische Aufstellungen irgend einer Art des Wollens, wie „sei fleissig", „sei mässig", „lüge nicht". Sie haben keine bindende Kraft, und man sagt sogar: Der Weg zur Hölle ist mit guten Vorsätzen gepflastert. Grundsätze dagegen beruhen auf den W e r t e m p f i n d u n g e n des Menschen und auf der Erkenntnis dessen, was er k a n n und was er n i c h t kann. Zuerst nämlich muss er sich darüber klar sein, was wahrhaft erstrebenswert ist, und was nicht. Das kann nun von den verschiedenen Menschen sehr verschieden beantwortet werden, und was dem einen ein hohes Gut dünkt, ist dem andern durchaus gleichgiltig. Es kommt also auf den Massstab an, der anzulegen ist. Dass dieser in erster Linie ein sittlicher sein muss, versteht sich von selbst, und da es keine echte Sittlichkeit ohne Religion giebt, so geben auch ihre Lehren den Ausschlag. Als die höchste Norm stellen sich die Lehren Jesu dar, der mit der grössten Entschiedenheit das hingestellt hat, wonach wir Menschen trachten sollen und wonach nicht. Neben diese höchsten Gesichtspunkte bei der Entscheidung, was Wert habe und was nicht, tritt eine grosse Menge an und für sich untergeordneter, welche aber in unseren irdischen Berufen auch von Wichtigkeit sind. Sie bestimmen sich nach den mannigfaltigen Anlagen und Trieben in uns, nach dem Stande, in dem wir leben, dem Alter, in dem wir uns befinden, den Thätigkeiten, die uns zugewiesen sind, den Verhältnissen und Zuständen, die uns umgeben. Was dem Jünglinge, dessen geistige und körperliche Kraft sich entwickelt und sich hohe Ziele setzt, erstrebenswert erscheint, ist es nicht dem Greise, der erreicht hat, was er konnte; er wünscht, dass seine noch übrigen Lebensjahre ruhig und sorgenlos verfliessen. Wie verschieden sehen nicht der Dichter und der Kaufmann, der Bauer und der Offizier die Dinge an! Es ist der edelsten Geistesgabe, der Vernunft, vorbehalten, zu entscheiden und eines jeden Wert zu bestimmen. Ist dies geschehen, und steht es für den einzelnen Menschen fest, was für ihn e r s t r e b e n s w e r t ist, so tritt an ihn die Frage heran, ob er es auch e r r e i c h e n könne. Hier hat genaue Kenntnis der eigenen Fähigkeiten und Kräfte, namentlich ihres Masses, zu entscheiden. Freilich können sie entwickelt werden, und dies zu thun, ist eine nicht abzuweisende Aufgabe. Aber sie haben eine oberste Grenze, die zu überschreiten unmöglich ist, und ihre Ausbildung geht nicht ins Grenzenlose. Eine solche genaue Kenntnis des eigenen Könnens zu erlangen, ist aber sehr schwer, und aus der falschen Beurteilung derselben entstehen zahlreiche Misserfolge. Hieraus aber bildet sich die Erfahrung und in ihr liegt der sicherste Massstab für die Beurteilung dessen, was wir können. Aus beiden aber, der Wertempfindung und der Kraftbemessung, entstehen in uns Normen, denen wir unbedingt und fast unwillkürlich in unserem Thun gehorchen. Sie schreiben uns die Ziele vor, die wir uns stecken, die Mittel, die wir ergreifen, die Wege, die wir gehen müssen. Auf der Gesamtsumme der Grundsätze oder Maximen beruht der Charakter. Wer ihrer entlehrt, hat keinen, wer falsche Wertbestimmungen in sich aufgenommen hat, einen schlechten, wer zwar Grundsätze hat, die aber einander widersprechen, einen schwachen. Alkibiades hatte keinen, denn er war in Athen verschwenderisch, unmässig und auf das Wohl des Vaterlandes bedacht, in Sparta sparsam, mässig und bemüht, dem Vaterlande zu schaden. Goethe's Clavigo ist ein klassisches Beispiel eines Menschen von schwachem Charakter. Mit einem Herzen und Gesinnungen, die einen ruhigen Bürger glücklich machen könnten, verbindet er einen unseligen Hang nach Grösse und Ruhm und schwankt zwischen beiden hin und her. Daher muss er sich auch sagen lassen: „Entschliesse dich! Es ist nichts erbärmlicher in der Welt, als ein unentschlossener Mensch, der zwischen zwei Empfindungen schwebt, gerne beide vereinigen möchte und nicht begreift, dass nichts sie vereinigen kann, als eben der Zweifel und die Unruhe, die ihn peinigen." Da nichts so sehr, wie schon besprochen ist, die Wertbestimmung irre führen kann, wie die Leidenschaft, so müssen wir auf diese ganz besonders den schlechten Charakter zurückführen. Habsucht und Geiz, Rachsucht, Neid, Herrschsucht sind es, die in einem Leidenschaftlichen den Willen bestimmen. Es ergiebt sich daraus also, dass die vernünftigen, auf Religion und Sittlichkeit gegründeten praktischen Grundsätze, von denen wir uns leiten lassen wollen, einem obersten Grundsatze unterworfen sein müssen, wenn ein echter, tüchtiger Charakter vorhanden sein soll, der unser ganzes Wollen und unsere gesamte Thätigkeit regiert. Alle zusammen fordern keineswegs ein bestimmtes Wollen, lassen vielmehr dem Menschen in Bezug auf dasselbe die grösste Freiheit und verlangen nur in jedem Falle gehört zu werden, ehe er sich entscheidet. Die Konsequenz eines sittlichen Charakters ist daher von einer monotonen Einförmigkeit wohl zu unterscheiden, denn das Wollen in einzelnen Fällen hängt von der besonderen Beschaffenheit der äusserst mannigfaltigen Lagen ab, in denen der handelnde Charakter sich befindet. Die Anwendung der idealen Grundsätze auf den empirischen Stoff ist es, was der menschlichen Tugend die Eigentümlichkeit eines Kunstwerkes verleiht, in dessen Verwirklichung sich die besondere Klugheit des Einzelnen offenbart. Seid fromm wie die Tauben, und klug wie die Schlangen.

Da die Seele des Menschen in strenger Wechselwirkung mit dem Leibe steht, so lässt sich wohl denken, dass die Beschaffenheit des letzteren der Entstehung eines Charakters mehr oder minder günstig sein kann; aber seine nächste Grundlage hat er in der Entwicklung des Geistes, und wahre Bildung ist seine wichtigste Bedingung. Doch bildet der Charakter sich nur draussen, im Strome der Welt, durch wirkliches Wollen und Handeln. Mühsam und in harter Arbeit erwirbt der Mensch sich ihn, aber sein Lohn ist hoch; es ist die Glückseligkeit. Denn während der Widerstreit entfesselter Begierden sein Gemüt zerreisst und die Leidenschaft es nur künstlich zu vereinigen trachtet, ist der Charakter die einzig wahre Form des mit sich selbst übereinstimmenden Bewusstseins und die wahre Quelle der Glückseligkeit. Der höchste sittliche Charakter, der von der Liebe als dem obersten sittlichen Grundsatz regiert wird, ist das Ideal, dem sich allmählich zu nähern die schwerste, aber auch die schönste Aufgabe des Menschen auf Erden ist.

Schulnachrichten.

1. Allgemeiner Plan der wöchentlichen Unterrichtstunden.

Klassen	Rel.	Dtsch.	Lat.	Gr.	Hebr.	Frz.	Engl.	Gesch.	Erdk.	Math.	Phy-sik	Che-mie	Nat. Gesch.	Rechnen	Schrei-ben	Zeich-nen	Sin-gen	Tur-nen	Gesamt d. Schülerst. Sitzst.	Beweg. u. Turn.	freiw.
O I a	2	3	6	6	2	2	2	3	4	2	2	—	—	—	2	2	4	30	6	6
U I a	2	3	6	6	2	2	2	3	1	2	2	—	—	—	2	2	4	30	6	6
O II a	2	3	6	6	2	2	2	3	4	2	—	—	—	—	2	2	3	30	5	4
U II a 1	2	3	7	6	2	2	2	2	1	4	2	—	—	—	—	2	3	31	5	4
U II a 2	2	3	7	6	2	2	2	2	1	4	2	—	—	—	—	2	3	31	5	4
O III a 1	2	3	7	6	—	2	2	2	2	3	—	—	2	—	—	2	3	31	5	2
O III a 2	2	3	7	6	—	2	2	2	2	3	—	—	2	—	—	2	3	31	5	2
U III a 1	2	3	7	6	—	3	—	2	2	3	—	—	2	—	1	2	2	32	4	1
U III a 2	2	3	7	6	—	3	—	2	2	3	—	—	2	—	1	2	2	32	4	1
I b	2	3	3	—	—	4	4	3	5	3	2	—	—	—	2	2	[4]	31	—	
O II b	2	3	3	—	—	4	3	2	1	5	2	2	—	—	2	2	[3]	31	—	
U II b	2	3	3	—	—	4	4	2	1	4	2	2	2	1	—	1+1	2	[3]	31	—	
O III b	2	3	3	—	—	4	4	2	2	4	1	—	2	2	—	2	2	3	31	—	
U III b 1	2	3	4	—	—	4	4	2	2	4	—	—	2	2	1	2	2	3	31	1	
U III b 2	2	3	4	—	—	4	4	2	2	4	—	—	2	2	1	2	2	3	31	1	
IV 1	2	3	7	—	—	4	—	2	2	2	—	—	2	2+2	1	2	2	3	29		
IV 2	2	3	7	—	—	4	—	2	2	2	—	—	2	2+2	1	2	2	3	29		
V 1	2	4	8	—	—	—	—	1	2	—	—	—	—	4	3	2	2	3	26		
V 2	2	4	8	—	—	—	—	1	2	—	—	—	—	4	3	2	2	3	26		
VI 1	2	4	8	—	—	—	—	1	2	—	—	—	—	4	3	2	2	3	26		
VI 2	2	4	8	—	—	—	—	1	2	—	—	—	—	4	3	2	2	3			
Lehrerst.	42	67	126	51	4	52	37	42	30	62	18	8	22	29	15	32	8	24			

Klassen	Rel.	Dtsch.	Lesen	Ansch.	Erdk.	Rechnen	Schrei-ben	Singen und Turnen
O VII 1	2	4	4	2	2	4	4	2
O VII 2	2	4	4	2	2	4	4	2
M VII	2	4	6	2	—	4	4	2
U VII	2	2	6	2	—	4	4	2
Lehrerst.	8	14	20	8	4	16	16	6

Anmerkung. a bedeutet Gymnasium, b Realgymnasium, VII Vorschule, O Ober, U Unter, M Mittel, 1 und 2 Parallelklassen, f freiwillig, die Klammern Klassenverbindung. Im U IIb fallen die Rechenstunde und die eine Zeichenstunde auf dieselbe Zeit; es muß jeder Schüler an einer von beiden nach Wahl teilnehmen. Im Turnen sind die Klassen Ia und IIa mit Ib und IIb verbunden. Die in eckige Klammern eingeschlossenen Turnstunden zählen daher zwar für die Schülerstunden mit, aber nicht für die Lehrerstunden. Die vierte Stunde in den Primen ist eine freiwillige Vorturnerstunde. Die Versetzungen sind jährig zu Ostern.

1. Allgemeiner Plan der wöchentlichen Unterrichtstunden.

3. Übersicht des erteilten Unterrichtes im Schuljahre 1897/8.

Gymnasium (A-Klassen).

Ober-Prima a. O I a.
Klassenlehrer Direktor Dr. Schubring.

Religion 2 St. Gelesen im Urtext: Der erste Brief an die Korinther und die Augustana. Unterscheidungslehren. Wiederholung der Kirchengeschichte und der Bibelkunde. Deutsch 3 St. Seelenlehre. In der Schule gelesen: Goethe Iphigenie, Gedichte nach dem Lesebuche von Hopf und Paulsiek, Schiller Braut von Messina. Wallenstein, Grund des Vergnügens an tragischen Gegenständen, die tragische Kunst, Gebrauch des Chors in der Tragödie, lyrisch-didaktische Gedichte. Zu Hause gelesen und in der Schule besprochen: Goethe Götz, Egmont, Tasso, Schiller, Maria Stuart, Jungfrau, Tell, Grillparzer Ottokar, Wildenbruch Karolinger. Übersicht des Entwicklungsganges der Litteratur von Lessing bis zur Gegenwart, mit Proben aus dem Lesebuche u. a. Vorträge der Schüler im Anschlufs an das Gelesene. 9 Aufsätze, darunter 2 Klassenarbeiten. — Lateinisch 6 St. Gelesen: Tacitus Germania. Cicero Tuskulanische Unterredungen 1, Vom Redner 1. 3 St. Gelesen und gelernt: Auswahl aus Horaz Oden 3. 4, Satiren und Briefe; Wiederholung der im vorigen Jahre gelernten Gedichte. 2 St. Grammatisch-stilistische Wiederholungen. Alle 14 Tage eine Klassenarbeit. 1 St. — Griechisch 6 St. Gelesen: Platon Apologie und Protagoras, Homer Ilias 13—24, Sophokles Antigone. Gelernt: Homer Ilias 13, 1—38 und Einzelstellen, zusammen etwa 180 Verse. 5 St. Wiederholung der Syntax nach Gerth. Alle 14 Tage als Klassenarbeit eine schriftliche Übersetzung aus Thukydides ins Deutsche. 1 St. — Hebräisch 2 St. freiwillig, verbunden mit U I a. Teilnehmer —. Französisch 2 St. Gelesen: Herrig und Burgny La France littéraire. Sprechübungen. Einige Gedichte gelernt. Grammatische Wiederholungen nach Bedürfnis. Jährlich 10 Diktate. — Englisch 2 St. Gelesen: Macaulay Warren Hastings, Shakespeare The Merchant of Venice und Coriolanus. Sprechübungen im Anschlufs an Conrads England. Einige Abschnitte aus The Merchant gelernt. Jährlich 10 Diktate. — Geschichte und Erdkunde 3 St. Geschichte der Neuzeit 1648—1888, nach Plötz. Wiederholungen aus der alten und mittleren Geschichte. Wiederholende Übersicht der Erdkunde, besonders Mitteleuropa, nach Kirchhoff. — Mathematik 4 St. Kombinationen, binomischer Satz für ganze positive Exponenten. Imaginäre Grössen, nach Mehler § 187, 188a. 189. Haupteigenschaften der Kreisfunktionen. Koordinatenbegriff und einiges von den Kegelschnitten, nach Gandtner-Gruhl. Übungen aus allen Gebieten. Monatlich eine Haus- und eine Klassenarbeit. — Physik 2 St. Schall, Licht. nach Scherling. Elemente der mathematischen Geographie. — Chemie 2 St. freiwillig, verbunden mit U I a. Teilnehmer 1. Die Metalloide und leichten Metalle, aufserdem Eisen und Arsen. — Turnen 3 St., verbunden mit I und II, a und b. Die Turnübungen fanden in der Haupt-Turnhalle statt. Es wurde in zwei Zügen geturnt: jeder Zug bestand aus zwei Halbzügen und jeder Halbzug aus vier Riegen, an deren Spitze zwei Vorturner (Primaner) standen, die in einer besonderen Stunde nach dem Handbuch für Vorturner von W. Frohberg vorgebildet wurden. Die Einteilung der ganzen Abteilung geschieht nach der Fähigkeit. Die Züge wurden von je einem Zugführer geleitet, der erste von Gustav Perlbach, der zweite von Gustav Brecht.

In allen Klassen treten in bestimmten Zwischenräumen an Stelle der Frei- und Ordnungsübungen Turnspiele, Tauziehen u. dergl., auch in den oberen Klassen im Sommer besonders Gerwerfen, ferner an Stelle des Geräteturnens Kürturnen. Am Schlusse eines jeden Vierteljahres werden Leistungsermittelungen angestellt, die bis IV. im Klettern an den senkrechten Stangen und im Freispringen — hoch mit Anlauf — in III bis I im Armwippen am Reck und Barren und im Freispringen — hoch aus dem Stande — bestehen.

Unter-Prima a. U I a.
Klassenlehrer Professor Dr. Eschenburg.

Religion 2 St. Gelesen im Urtext: Der erste Brief des Petrus und das Evangelium des Johannes. Kirchengeschichte nach Franck. — Deutsch 3 St. Logik. Übersicht des Entwicklungsganges der Litteratur von Luther bis Goethe, nach dem Lesebuch von Hopf und Paulsiek. In der Schule gelesen: Klopstock Oden, Lessing Minna von Barnhelm, Laokoon, Über die Fabel. Schiller Don Karlos, Goethe Götz von Berlichingen. Zu Hause gelesen und in der Schule besprochen: Schiller Jungfrau von Orleans, Goethe Dichtung und Wahrheit (Auswahl aus Buch 1 —10), Herder Cid. Shakespeare Macbeth. Vorträge der Schüler über das Gelesene. 10 Aufsätze. — Lateinisch 6 St. Gelesen: Cicero gegen Verres 4 und 5, ausgewählte Briefe, Livius 30. Tacitus Annalen 1—3, 19. 3 St. Gelesen und gelernt: Auswahl aus Horaz Oden 1 und 2. Epoden, Satiren und Episteln 2 St. Alle acht Tage eine Übersetzung ins Lateinische als Klassenarbeit oder Hausarbeit, oder eine Übersetzung ins Deutsche als Klassenarbeit 1 St. — Griechisch 6 St. Gelesen: Thukydides 6 und 7 mit Auswahl, Platon Verteidigungsrede des Sokrates. Homer Ilias 1—12. Sophokles Antigone. Gelernt: Homer 1, 1—58 und Einzelstellen, zusammen etwa 200 Verse. Antigone 100 —154, 332 —375, 582 —625, 781—800. 5 St. Genera und Tempora des Verbums, Negationen, Konjunktionen und Partikeln. Alle 14 Tage als Klassenarbeit eine schriftliche Übersetzung aus dem Griechischen ins Deutsche 1 St. — Hebräisch 2 St. freiwillig, verbunden mit O I a. Teilnehmer im Sommer 5, im Winter 3. Gelesen: Genesis 1—33, Josua 1—11, Psalmen 92—102. Wiederholung der Formenlehre nach Nägelsbach. Monatlich schriftliche Übungen. — Französisch 2 St. Gelesen: Herrig und Burguy La France littéraire. Sprechübungen. Einige Gedichte gelernt. Grammatische Wiederholungen nach Bedürfnis. Jährlich 10 Diktate. Englisch 2 St. Gelesen: Scott The Lady of the Lake 3—6, Shakespeare Julius Cæsar. Sprechabungen im Anschlufs au Conrads England und Goadby The England of Shakespeare. Einige Reden aus Cæsar gelernt. Jährlich 10 Diktate. — Geschichte und Erdkunde 3 St. Geschichte des Mittelalters und der Neuzeit bis 1648, im letzten Vierteljahr die Einigungskriege, nach Plötz. Europa und seine Verbindung mit den übrigen Erdteilen, nach Kirchhoff. § 19—34. — Mathematik 4 St. Stereometrie, nach Mehler § 193—233. Abschlufs der Trigonometrie. Reihen, Zinseszins- und Rentenrechnung 182, 188, 160, 101. Übungsaufgaben aus Bardey. Monatlich eine Haus- und eine Klassenarbeit. — Physik 2 St. Magnetismus und Elektricität. nach Schalling. — Chemie 2 St. freiwillig, verbunden mit O Ia. Teilnehmer im Sommer 11, im Winter 9. — Turnen 3 St., verbunden mit I und II, a und b.

Ober-Sekunda a. O IIa.
Klassenlehrer Professor Dr. Hoffmann.

Religion 2 St. Gelesen im Urtext: Die Apostelgeschichte, der Brief des Jakobus und der erste Petrusbrief. Bibelkunde des neuen Testamentes, nach Franck § 32—56. Das Kirchenjahr. — Deutsch 3 St. Gelesen in der Schule: Der Nibelunge Not, Walther von der Vogelweide in der Ausgabe von Schultz, zu Hause: Schiller Geschichte des dreifsigjährigen Krieges Buch 2—4 mit Berichterstattung in der Schule. Übersicht über die mittelhochdeutsche Litteratur. 10 Aufsätze. — Lateinisch 6 St. Gelesen: Livius 26, 30, 31. Cicero Reden für Roscius, Pompejus, Ligarius, Über das Alter. 4 St. Vergil Aeneis 6 und 7; gelernt 6, 121—155, 847—871 und Versus memoriales 1 St. Grammatische Wiederholungen, wöchentlich abwechselnd Haus- und Klassenarbeiten, zweimal vierteljährlich eine Übersetzung ins Deutsche als Klassenarbeit 1 St. — Griechisch 6 St. Gelesen: Herodot 1. 3 mit Auswahl, Xenophon Denkwürdigkeiten 1, 3—7. III, 1. 2. 5. 6. 8. 10. IV, 8. 3 St. Homer Odyssee 9—24. gelernt 131 Verse. 2 St. Moduslehre nach Gerth § 277—330. 7 schriftliche Klassenübersetzungen von Prosastücken ins Deutsche. Im letzten Vierteljahre alle 14 Tage eine schriftliche Klassenübersetzung aus dem Deutschen ins Griechische. 1 St. — Hebräisch 2 St., freiwillig, verbunden mit U IIa, Teilnehmer im Sommer 5, im Winter 5. Gelesen aus Stier. Formenlehre nach Nägelsbach. Wöchentlich schriftliche Übungen. — Französisch 2 St. Gelesen: Herrig und Burguy La France littéraire. Sprechübungen. Zwei Gedichte gelernt. Grammatische Wiederholungen nach Bedürfnis. Jährlich 10 Diktate. Englisch 2 St. Gelesen: London and its Environs in der Ausgabe von Leitritz. Sprechübungen im Anschlufs an Conrads England. Einige Gedichte gelernt. Jährlich 10 Diktate. — Geschichte und Erdkunde 3 St. Im Sommer: Griechische Geschichte bis zu Alexanders Tod, nach Plötz. Alte Geographie der Länder des Mittelmeers. Im Winter: Römische Geschichte bis Titus, mit Überblick über die weitere Kaisergeschichte. Die aufsereuropäischen Erdteile, nach Kirchhoff. — Mathematik 4 St. Von der Ähnlichkeit der Figuren. Berechnung einzelner

Dreieckstücke, Trigonometrie, nach Mehler § 82 –90, 120a –e, 162 –167, 173 –174, 177 –181. Von den Potenzen, Wurzeln, Logarithmen 125 –128a, 135 –136, 156 –159. Quadratische Gleichungen mit einer und mehreren Unbekannten. Übungsaufgaben aus Bardey. Monatlich eine Haus- und eine Klassenarbeit. — Physik 2 St. Mechanik und Wärme, nach Scherling. — Turnen 3 St., verbunden mit I und II, a und b.

Unter-Sekunda a. U II a.

Klassenlehrer in Abteilung 1 Professor Mollwo.
In Abteilung 2 Professor Dr. Curtius.

Religion 2 St. Gelesen im Urtext: Das Evangelium des Matthäus. Bibelkunde des alten Testamentes, nach Franck. — Deutsch 3 St. Gelesen in der Schule in Abt. 1: Gedichte von Uhland, Schiller und Goethe, Uhland Ernst von Schwaben, Schiller Jungfrau von Orleans, Goethe Hermann und Dorothea; in Abt. 2: Schillers und Uhlands Gedichte mit Auswahl, Goethe Hermann und Dorothea, Schiller Maria Stuart, Goethe Egmont und Götz von Berlichingen; zu Hause gelesen und in Vorträgen behandelt in Abt. 1: Schiller Geschichte des dreifsigjährigen Krieges Buch 1, Goethe Egmont; in Abt. 2: Schiller Abfall der Niederlande Buch 1 und Jungfrau von Orleans. Gelernt in Abt. 1: Uhland Des Sängers Fluch, Bertran de Born, Schiller Taucher und Lied von der Glocke; in Abt. 2: Uhland Des Sängers Fluch und Schiller Lied von der Glocke. 10 Aufsätze. — Lateinisch 7 Std. Gelesen: Cicero Reden gegen Catilina 1., für den König Dejotarus. Livius 23, Sallust Bellum Jugurthinum mit Auswahl. 3 St.; Vergil Aeneis Buch 3, in Abt. 2 auch Buc. 4. 5., gelernt in Abt. 1: Aeneis 3. 121 —224, in Abt. 2: Aeneis 3, 1 —18. 374 —437. Buc. 5, 1 —10. 1 St. Grammatik nach Ellendt-Seyffert Aufl. 34: Tempora, consecutio temporum, modi, Infinitiv, Fragesätze, oratio obliqua, Particip, Gerundium, Supinum mit Auswahl § 196 —282. Wiederholung anderer Teile der Syntax. Mündliche Übersetzungen aus Süpfle II ins Lateinische. Wöchentlich eine Klassenarbeit abwechselnd mit einer Hausarbeit, alle sechs Wochen eine schriftliche Übersetzung aus dem Lateinischen ins Deutsche als Klassenarbeit. 3 St. — Griechisch 6 St. Gelesen in Abt. 1: Xenophon Anabasis 4 —5, 6, in Abt. 2: Xenophon Anabasis 4 und 5, in beiden Abteilungen: Xenophon Hellenika in Auswahl, nach Bünger. 2 St. Homer Odyssee 1 —8. Gelernt in Abt. 1: 125 Verse, in Abt. 2: 85 Verse. 2 St. Subjekt und Prädikat, Artikel, Pronomina, Kasus, präpositionale Adverbien nach Gerth § 193 —243, 265b. Wiederholung der Formenlehre. Alle 14 Tage eine Klassenarbeit oder eine Hausarbeit. 2 St. — Hebräisch 2 St. freiwillig, verbunden mit O II a. Teilnehmer im Sommer 12, im Winter 5. — Französisch 2 St. Plötz-Kares Übungsbuch B-Ausgabe 89 —70. Sprechübungen. Einige Gedichte gelernt. Alle 3 Wochen Klassenarbeiten, daneben häusliche Übungsarbeiten. — Englisch 2 St. Deutschbein-Willenberg Elementarbuch Kap. 26 —34. Sprechübungen. Einige Gedichte gelernt. Alle 3 Wochen Klassenarbeiten. Gelesen in Abt. 2: Tales and Stories from Modern Writers 1—3. — Geschichte 2 St. Deutsche Geschichte von 1740—1848, nach Plötz. — Erdkunde 1 St. Allgemeine Erdkunde, nach Kirchhoff § 35—47. — Mathematik 4 St. Von der Ausmessung des Kreises, trigonometrische Berechnung rechtwinkliger und gleichschenkliger Dreiecke, von den einfachen Körpern, Berechnung der Kantenlänge, der Oberfläche und des Inhalts, nach Mehler § 95—103, 155—6, 214—7, 223, 224 zum Teil. Gleichungen zweiten Grades mit einer Unbekannten, Potenzen mit negativen und gebrochenen Exponenten, Logarithmen. 133—5, 120—8, 149, 151. Übungsaufgaben aus Bardey. Monatlich eine Haus- und eine Klassenarbeit. — Physik 2 St. Fortsetzung und Abschluß des vorbereitenden physikalischen Unterrichtes. — Turnen 3 St., verbunden mit I und II, a und b.

Ober-Tertia a. O III a.
Klassenlehrer in Abteilung 1 Oberlehrer Dr. Schmidt.
In Abteilung 2 Oberlehrer Dr. Genzken.

Religion 2 St. Bibelkunde des Neuen Testamentes, nach Franck: das Kirchenjahr. Gelesen: das Lukasevangelium: gelernt die Gesangbuchlieder in Abt. 1: No. 50. 164. 165. 301. 321: in Abt. 2: No. 49. 164. 301. 321. 347. Das zweite, vierte und fünfte Hauptstück des Katechismus mit den dazu gehörigen 18 Sprüchen aus dem Spruchbüchlein. — Deutsch 3 St. Gelesen und nach Form und Inhalt besprochen ausgewählte Stücke aus Hopf und Paulsiek für III, und Schiller Wilhelm Tell. Gelernt 12 Gedichte. Grammatik nach dem Lehrplan, nach Wilmanns I und II, besonders Satzgefüge und Satzverbindung. 10 Aufsätze. — Lateinisch 7 St. Gelesen in Abt. 1: Cæsar Gallischer Krieg 1—3, Bürgerkrieg 3, 41—99 mit Auswahl, in Abt. 2: Gall. Kr. 5 und 6 und Bürgerkrieg 1, 1—52. 3 St. Ovid Metamorphosen in Abt. 1: 1, 1—4; 2, 680—706; 3, 1—137: 6, 146—381; gelernt 1, 1—4: 3, 1—98; 6, 165—203; in Abt. 2: 8, 183—516; 11, 85—193; gelernt 11, 85—145. 1 St. Erweiterung der Tempus- und Moduslehre, nach Ellendt-Seyffert § 161—229. Mündliches Übersetzen aus Ostermann. Wöchentlich abwechselnd eine Haus- und eine Klassenarbeit. 3 St. — Griechisch 6 St. Gelesen: Ranger Auswahl aus Xenophons Anabasis. 3 St. Ergänzung und Abschluß der Formenlehre, besonders die unregelmäßigen Verben auf ω und die Verben auf μ nach Gerth § 142—190, 246—265. Vokabeln aus der Lektüre. Alle 14 Tage, zuletzt wöchentlich eine Klassenarbeit oder eine Hausarbeit. Daneben kleinere schriftliche Arbeiten und mündliches Übersetzen. 3 St. — Französisch 2 St. Plötz-Kares Übungsbuch B-Ausgabe 1—38. Sprechübungen. Einige Gedichte gelernt. Alle drei Wochen Klassenarbeiten, daneben häusliche Übungsarbeiten. — Englisch 2 St. Deutschbein-Willenberg Elementarbuch, 1 und II. 1—25. Sprechübungen. Einige Gedichte gelernt. Alle 3 Wochen Klassenarbeiten, daneben kleine häusliche Übungsarbeiten. — Geschichte 2 St. Deutsche Geschichte von 1273 bis 1740 nebst den wichtigsten Ereignissen anderer Länder, nach Plötz. Zahlen nach den

Tabellen. — Erdkunde 2 St. Mitteleuropa, nach Kirchhoff § 29—34. — Mathematik 3 St. Von der Ähnlichkeit der Figuren, von dem Flächeninhalt der geradlinigen Figuren, nach Mehler § 72—85. Proportionen, Gleichungen ersten Grades mit einer und mehreren Unbekannten, Potenzen mit ganzen positiven Exponenten, das Notwendigste über Wurzeln 131—132c, 134 α und β, 125, 127, 128a α. Übungsaufgaben aus Bardey. Monatlich eine Haus- und eine Klassenarbeit. — Naturgeschichte 2 St. Sommer: Niedere Tiere, nach Wossidlo. Winter: Mineralogie. Im letzten Vierteljahre: Mechanik der festen Körper. — Turnen 3 St., beide Abteilungen vereinigt. Frei- und Ordnungsübungen wie U III in größerer Übungsfolge, der Ausfall, erweiterte Übungen mit dem Eisenstabe und den Hanteln. Dauerlauf bis 12 Minuten. Übungen an allen Geräten.

Unter-Tertia a. U IIIa.

Klassenlehrer in Abteilung 1 Oberlehrer Schumann.

In Abteilung 2 Oberlehrer Mertens.

Religion 2 St. Grundlage der Bibelkunde des Alten Testamentes, nach Franck. Gelernt die Gesangbuchlieder in Abt. 1: No. 4. 36. 43. 324. 369; in Abt. 2: 4. 83. 116. 287. 324. 326. Das erste und dritte Hauptstück des Katechismus mit den dazu gehörigen 25 Sprüchen aus dem Spruchbüchlein. — Deutsch 3 St. Gelesen und nach Form und Inhalt besprochen ausgewählte Stücke aus Hopf und Paulsiek für III. Gelernt in Abt. 1: 10 Gedichte; in Abt. 2: 9 Gedichte. Grammatik nach dem Lehrplan, nach Wilmanns I und II, besonders Satzgefüge und Satzverbindung, aufserdem einzelne Lehren zum Substantiv und Pronomen. 10 Aufsätze. — Lateinisch 7 St. Gelesen: Cæsar Gallischer Krieg in Abt. 1: 1—3, in Abt. 2: 1, 1—31; 2—5, 22. 4 St. Wiederholung der Kasuslehre. Durchnahme der Grundzüge der Tempus- und Moduslehre, nach Ellendt-Seyffert § 101—229. Mündliches Übersetzen aus Ostermann. Wöchentlich abwechselnd eine Klassen- und eine Hausarbeit. 3 St. — Griechisch 6 St. Formenlehre aufser den unregelmäfsigen und den Verben auf μι, nach Gerth § 1—159. Vokabeln und Übersetzungen aus Stier, im letzten Vierteljahr aus Bünger Auswahl aus Xenophons Anabasis. Alle 14 Tage, zuletzt wöchentlich eine Klassen- oder eine Hausarbeit, daneben kleine häusliche Übungsarbeiten. — Französisch 2 St. Plötz-Kares Elementarbuch B-Ausgabe 37—63. Sprechübungen. Einige Gedichte gelernt. Alle 14 Tage Klassenarbeiten, daneben häusliche Übungsarbeiten. — Geschichte 2 St. Deutsche Geschichte von Anfang bis 1272; von Neujahr an Geschichte des 19. Jahrhunderts, besonders der Freiheitskriege und Kaiser Wilhelms I. — Erdkunde 2 St. Europa unter Ausschlufs von Mitteleuropa, nach Kirchhoff, 6. Abschnitt. — Mathematik 3 St. Von der Gleichheit der geradlinigen Figuren, vom Kreise, nach Mehler § 48—71. Die vier Rechnungsarten, leichte Gleichungen ersten Grades 122—4. 134 α drei Zeilen. Übungsaufgaben aus Bardey. Monatlich eine Haus- und eine Klassenarbeit. — Naturgeschichte 2 St. Botanik, nach Franck. Winter: Zoologie: Abschlufs der Wirbeltiere, der Mensch, nach Wossidlo. —

Schreiben 1 St., für die Ungeübten. Teilnehmer im Sommer 25, im Winter 20. — Zeichnen 2 St. Freihandzeichnen nach Modellen und Vorlagen. 1 St. Konstruktives Zeichnen. 1 St. — Turnen 2 St., beide Abteilungen vereinigt. Freiübungen wie IV, bisweilen unter Belastung mit dem Eisenstabe und den Hanteln. Reihungen und Schwenkungen. Marschieren in Säule und Drehungen im Marsche. Dauerlauf bis 12 Minuten. Übungen an allen Geräten. Schaukelringe finden ansteigend gröfsere Berücksichtigung, Klettern dagegen weniger.

Realgymnasium (B-Klassen).
Prima b. Ib.
Klassenlehrer Professor Sartori.

Religion 2 St. Gelesen: Das Evangelium des Johannes. Wiederholung der Bibelkunde und der Kirchengeschichte. Glaubenslehre, nach Noack. — Deutsch 3 St. Abrifs der Logik. Gelesen in der Schule: Ausgewählte Stücke aus Hopf und Paulsiek, Lesebuch für 1, Goethe Iphigenie und Tasso; im Hause: Moritz Götterlehre, v. Humboldt Ansichten der Natur, Schiller Abfall der Niederlande, Goethe Egmont, Lessing Dramaturgie. — Lateinisch 3 St. Gelesen: Livius 36 und Anfang von 37, meist ohne Vorbereitung mit Nachübersetzung. Alle 14 Tage als Klassenarbeit eine schriftliche Übersetzung aus Livius ins Deutsche. — Französisch 4 St. Gelesen in der Schule: Corneille Le Cid, Roussel, La Guerre 1870/71; zu Hause: Duruy Histoire de France de 1789 à 95, Feuillet Le Village. Sprechübungen im Anschlufs an die Lektüre. Grammatische Wiederholungen, synonymische, stilistische und metrische Belehrungen. Mündliche Übersetzungen ins Französische aus Bahrs. Alle 14 Tage Klassenarbeiten. 8 Aufsätze. — Englisch 4 St. Gelesen in der Schule: Dickens A Christmas Carol, Shakespeare Julius Cæsar, ausgewählte Gedichte nach Gropp und Hausknecht; zu Hause: Sir Walter Scott Tales of a Grandfather. Freie Vorträge über einzelne Abschnitte der Lektüre und Sprechübungen. Grammatische, metrische und synonymische Erläuterungen. Im Anschlufs an die Lektüre wurde vielfach auf englische Litteratur und Einrichtungen hingewiesen. Alle 14 Tage eine Klassenarbeit. — Geschichte und Erdkunde 3 St. Geschichte der Neuzeit 1648—1888, nach Plötz. Wiederholungen aus der alten und mittleren Geschichte. Wiederholende Übersicht der Erdkunde, besonders Mitteleuropa, nach Kirchhoff. — Mathematik 5 St. Analytische Geometrie der Ebene. 2 St. Arithmetik: Kettenbrüche, arithmetische Reihen höherer Ordnung, Kombinationslehre, binomischer Lehrsatz, Konvergenz und Divergenz unendlicher Reihen. 2 St. nach Mehler 148—9, 184—191. Gleichungen 1. und 2. Grades mit mehreren Unbekannten, centrische Projektionen 1 St. 9 Haus- und Klassenarbeiten. — Physik 3 St. Lehre vom Licht, vom Magnetismus und der Elektricität, nach Scherling. Haus- und Klassenarbeiten im Wechsel mit den mathematischen. — Chemie 2 St. Wiederholung und Erweiterung der Lehraufgaben der

Sekunden. Stöchiometrische Übungen. — Zeichnen 2 St. Freihandzeichnen nach Gips 1 St. Schattenkonstruktionen 1 St. — Turnen 3 St., verbunden mit I und II, a und b.

Ober-Sekunda b. O II b.
Klassenlehrer Oberlehrer Dr. Schaper.

Religion 2 St. Gelesen: Die Apostelgeschichte. Vertiefung der Bibelkunde des Neuen Testamentes, nach Noack. Das Kirchenjahr. — Deutsch 3 St. Gelesen in der Schule: Der Nibelunge Not, Walther von der Vogelweide mit Auswahl in der Ausgabe von Willmanns; zu Hause: Homers Odyssee in der Übersetzung von Voss, Ekkehard Waltharilied, Gudrun, Shakespeare Macbeth mit Berichterstattung in der Schule. Mittelhochdeutsche Grammatik. Übersicht über die alt- und mittelhochdeutsche Litteratur. 10 Aufsätze. — Lateinisch 3 St. Gelesen: Livius 23, 1—18, Cicero Über die Freundschaft 1—20, Ovid Verwandlungen 2. Als Klassenarbeiten 8 schriftliche Übersetzungen aus Justinus. — Französisch 4 St. Gelesen in der Schule: Herrig und Burguy, Laurie Mémoires d'un Collégien; zu Hause: Herrig und Burguy Prosastücke. Sprechübungen im Anschluß an die Lektüre. Gelernt einige Gedichte. Grammatische Wiederholungen, synonymische, stilistische und metrische Belehrungen. Mündliche Übersetzungen ins Französische aus Bahrs. Alle 14 Tage Klassenarbeiten. 4 Aufsätze. — Englisch 3 St. Gelesen: Great Explorers and Inventors. Walter Besant London. Sprechübungen. Wiederholung einzelner Abschnitte der Grammatik. Übersetzungsübungen nach Deutschbein-Willenberg Oberstufe. Öftere Hinweise auf englische Verhältnisse. Freie Vorträge aus der Lektüre. Alle 14 Tage eine Klassenarbeit. — Geschichte 2 St. Alte Geschichte bis zu Karl dem Grofsen, nach Plötz. — Erdkunde 1 St. Die vier aufsereuropäischen Erdteile, nach Kirchhoff § 7—18. —, Mathematik 5 St. Ebene Trigonometrie nach Mehler § 161—4u, 167—75, 178—9 im Sommer 2 St. Körperliche Geometrie § 193—208, 210, 214—221, 223—231. im Winter 2 St. Übungen aus der Planimetrie im Sommer und aus der rechtwinkligen Projektion im Winter 1 St. 10 Haus- und Klassenarbeiten. — Physik 2 St. Akustik und Wärmelehre, nach Scherling Abschn. 8 und 9. Dazu Klassen- und Hausübungen. — Chemie 2 St. Die schweren Metalle. Vorübungen in der chemischen Analyse an bekannten Körpern, nach Rüdorff. — Naturgeschichte 2 St. Im Sommer Botanik: Die wichtigsten Pflanzenfamilien und einiges aus der Anatomie und Physiologie. Im Winter Mineralogie und Grundzüge der Geologie, nach Pokorny. — Zeichnen 2 St. Freihandzeichnen nach Gips 1 St. Geometrisches Zeichnen: Perspektive 1 St. — Turnen 3 St., verbunden mit I und II, a und b.

Unter-Sekunda b. U II b.
Klassenlehrer Oberlehrer Dr. Baethcke.

Religion 2 St. Gelesen: Das Evangelium des Matthäus unter Vergleichung mit den übrigen Evangelien. Bibelkunde des alten Testamentes, nach Noack. Kirchenjahr. — Deutsch

3 St. Gelesen in der Schule: Schiller Gedichte, Tell, Jungfrau, Goethe Hermann und Dorothea; zu Hause und teilweise auch in der Schule: Uhland Herzog Ernst von Schwaben, Schiller Maria Stuart, Goethe Götz, worüber in der Schule Vorträge gehalten und genauere Besprechungen angestellt wurden. Gelernt: Schiller Glocke, Ibykus, Kassandra, Taucher. Litteraturkunde über Goethe, Schiller, Uhland, nach Herbst. 10 Aufsätze. — Lateinisch 3 St. Gelesen: Cäsar Bürgerkrieg 2 und teilweise 3. Unabhängiger Konjunktiv, Bedingungssätze, Oratio obliqua, Partizipien, nach Ellendt-Seyffert. Alle 14 Tage als Klassenarbeit eine Übersetzung aus dem Cäsar ins Deutsche. — Französisch 4 St. Plötz-Kares Übungsbuch B-Ausgabe 39—76. Sprechübungen. Einige Gedichte gelernt. Alle 14 Tage eine Klassenarbeit. — Englisch 4 St. Deutschbein-Willenberg Leitfaden für den englischen Unterricht 2, 11—19. Sprechübungen. Einige Gedichte gelernt. Alle 14 Tage eine Klassenarbeit. — Geschichte 2 St. Deutsche Geschichte von 1740—1888, nach Plötz. — Erdkunde 1 St. Allgemeine Erdkunde nach Kirchhoff, § 35—47. — Mathematik 4 St. Planimetrie nach Mehler § 79. 81. 95—103 im Sommer 2 St. Trigonometrie § 155. Körperliche Geometrie 210, 214—17, 223, 226 im Winter 2 St. Arithmetik: Decimale Rechnung § 124a, 128a. Potenzen und Logarithmen 126, 128, 156—58. Gleichungen 2. Grades, nach Bardey. Alle 4 Wochen Haus- und Klassenarbeiten. — Physik im Sommer 3, im Winter 2 St. Mechanik der gasförmigen Körper und die wichtigsten Erscheinungen aus den übrigen Abschnitten der Physik, nach Scherling. — Chemie im Sommer 3, im Winter 2 St. Die Metalloide und die leichten Metalle, außerdem Eisen und Arsen, nach Rüdorff. — Naturgeschichte in Winter 2 St. Mineralogie und Einführung in die Geologie, nach Pokorny. — Rechnen 1 St. Teilnehmer im Sommer 14, im Winter 15. Wiederholung sämtlicher kaufmännischer Rechnungsarten. — Zeichnen 2 St. Freihandzeichnen nach Gips 1 St. Geometrisches Zeichnen: Projektionen 1 St. — Turnen 3 St., verbunden mit I und II, a und b.

Ober-Tertia b. O III b.
Klassenlehrer Oberlehrer Schneermann.

Religion 2 St. Gelesen: Das Lukasevangelium. Gelernt: Die Gesangbuchlieder 105. 173. 49. 372. 347. 164. Das zweite, vierte und fünfte Hauptstück des Katechismus und die dazu gehörigen 18 Sprüche aus dem Spruchbüchlein. Bibelkunde des Neuen Testamentes und das Kirchenjahr. — Deutsch 3 St. Gelesen und nach Form und Inhalt besprochen ausgewählte Stücke aus Hopf und Paulsiek für III. Gelernt 5 Gedichte. Grammatik nach dem Lehrplan, nach Wilmanns I und II und Hopf, besonders Satzgefüge und Satzverbindung. 10 Aufsätze. — Lateinisch 3 St. Gelesen: Cäsar Gallischer Krieg 1. Erweiterung der Tempus- und Moduslehre, nach Ellendt-Seyffert § 192—271 in Auswahl. Alle 14 Tage als Klassenarbeit die schriftliche Übersetzung eines gelesenen Stückes aus dem Cäsar ins Deutsche. — Französisch 4 St. Plötz-Kares Übungsbuch B-Ausgabe 1—38. Sprechübungen. Einige Gedichte gelernt. Alle 14 Tage Klassenarbeiten. — Englisch 4 St. Deutschbein-Willenberg Leitfaden für den englischen Unterricht 2, 1—10. Dazu im letzten Vierteljahr gelesen: Tales and Stories from Modern Writers in der Ausgabe von Klapperich. Sprechübungen. Einige Gedichte gelernt. Alle 11 Tage Klassenarbeiten. — Geschichte 2 St. Deutsche Geschichte von 1273 bis 1710 nebst den wichtigsten Ereignissen anderer Länder, nach Plötz. Wiederholung der Zahlen aus den Tabellen. - - Erdkunde 2 St. Mitteleuropa, nach Kirchhoff § 29—34. — Mathematik 4 St. Flächenmessung, Ähnlichkeit der Figuren, regelmäßige Polygone und Ausmessung des Kreises, nach Mehler 2 St. Proportionen, Potenzen und Wurzeln mit ganzen positiven Exponenten, Berechnung der Quadrat- und Kubikwurzeln, Gleichungen mit einer und mit zwei Unbekannten. rein quadratische Gleichungen, nach Bardey 2 St. Physik 1 St. Mechanik der festen und flüssigen Körper. Naturgeschichte 2 St. Die wirbellosen Tiere, der Mensch, nach Wossidlo. — Rechnen 2 St. Wechselrechnung, Staatspapiere und Aktien nach dem Lüb. Rechenheft 5. Kontokorrenten, nach Rösler und Wilde. Monatlich eine Hausarbeit. — Zeichnen 2 St. Freihandzeichnen nach Modellen, Vorlagen und Gips 1 St. Geometrisches Zeichnen 1 St. — Turnen 3 St., wie O III a.

Unter-Tertia b. U III b.
Klassenlehrer in Abteilung 1 Oberlehrer Dr. Friedrich.
In Abteilung 2 Oberlehrer Dr. Hoffmann.

Religion 2 St. Grundzüge der Bibelkunde des Alten Testamentes, nach Noack. Gelernt: Die Gesangbuchlieder in Abt. 1: 4. 369. 116. 43. 324, in Abt. 2: 83. 116. 200. 243. 287. Das erste und dritte Hauptstück des Katechismus mit den dazu gehörigen 25 Sprüchen aus dem Spruchbüchlein. — Deutsch 3 St. Gelesen und nach Form und Inhalt besprochen ausgewählte prosaische und poetische Stücke aus Hopf und Paulsiek für III, gelernt 10 Gedichte; Übungen im freien Nacherzählen gelesener Stücke. Grammatik nach dem Lehrplan, nach Wilmanns I und II. 10 Aufsätze. — Lateinisch 4 St. Gelesen: Cäsar Gallischer Krieg 1—2, 10. Tempus- und Moduslehre, nach Ellendt-Seyffert § 161—228 in Auswahl. Alle 14 Tage als Klassenarbeit die Übersetzung eines gelesenen Stückes aus dem Cäsar ins Deutsche. — Französisch 4 St. Plötz-Kares Elementarbuch B-Ausgabe 37—63. Sprechübungen. Einige Gedichte gelernt. Alle 14 Tage eine Klassenarbeit, daneben kleine häusliche Übungsarbeiten. — Englisch 4 St. Deutschbein-Willenberg Leitfaden für den englischen Unterricht Elementarbuch 1, 1—26 und 34. Sprechübungen. Einige Gedichte gelernt. Alle 14 Tage eine Klassenarbeit, daneben kleine häusliche Übungsarbeiten. — Geschichte 2 St. Deutsche Geschichte von Anfang bis 1272; von Neujahr an Geschichte des 19. Jahrhunderts, besonders der Freiheitskriege und Kaiser Wilhelms I. — Erdkunde 2 St. Vorläufiges aus der allgemeinen Erdkunde und Europa außer Mitteleuropa, nach Kirchhoff § 1 6 und 19—26. — Mathematik 4 St. Geometrie: Vom Kreise und von der Gleichheit der gradlinigen Figuren, nach Mehler § 48—71. 2 St. Arithmetik: Die 4 Grundrechnungsarten. leichte Gleichungen ersten Grades mit einer Unbekannten, nach Mehler § 122—4, 134 a drei Zeilen. Übungsaufgaben nach Bardey 2 St. Alle 14 Tage eine Haus- oder eine Klassenarbeit. —

Naturgeschichte 2 St. Im Sommer Botanik: Beschreibung und Bestimmung einheimischer Pflanzen, nach Franck. Im Winter Zoologie: Die Vögel, Kriechtiere, Lurche und Fische, nach Wossidlo. — Rechnen 2 St. Zusammengesetzte Regeldetrie. Kettenregel, Warenrechnung, Gewinn- und Verlustrechnung, Zins-, Diskont- und Terminrechnung, Geldrechnung, nach dem Lüb. Rechenheft 5. Wöchentlich eine Hausarbeit. -- Schreiben 1 St. für die Ungeübten. Teilnehmer im Sommer 22, im Winter 17. - Zeichnen 2 St. Freihandzeichnen nach Modellen und Vorlagen. 1 St. Konstruktives Zeichnen 1 St. Turnen 3 St., wie U III a.

Gemeinschaftlicher Stamm.
Quarta. IV.
Klassenlehrer in Abteilung 1 Oberlehrer Dr. Hausberg.
In Abteilung 2 Oberlehrer Reuter.

Religion 2 St. Geschichte Jesu und der Apostel, nach Zahn § 15—80. Gelernt die Gesangbuchlieder in Abt. 1: 3. 28. 70. 74. 218. 208. 326, in Abt. 2: 3. 11. 28. 70. 78. 191. 281. 326. Das dritte (von der 4. Bitte an), vierte und fünfte Hauptstück des Katechismus mit den dazu gehörigen 10 Bibelsprüchen aus dem Spruchbüchlein. -- Deutsch 3 St. Lesen und Erzählen aus Hopf und Paulsiek für IV, gelernt 12 Gedichte. Grammatik nach dem Lehrplan, besonders Verben, Grundzüge der Satzlehre, Konstruktion einzelner Verben. Übungen in der Rechtschreibung und im Zeichensetzen. Alle 14 Tage Diktate und Aufsätze abwechselnd. — Lateinisch 7 St. Gelesen aus Ostermann-Müller Lesebuch in Abt. 1: Der ältere Miltiades, der jüngere Miltiades, Themistokles, Aristides, Pausanias, Cimon, Alcibiades, der erste punische Krieg, Hamilkar, Hannibal, der ältere Publius Cornelius Scipio. in Abt. 2: Der ältere Miltiades, der jüngere Miltiades, Themistokles, Aristides, Pausanias, Cimon, Alcibiades, Lysander, Thrasybul, Pelopidas, Epaminondas, Hamilkar, Hannibal. Sommer 3, Winter 4 St. Ergänzung und Abschluß der Formenlehre, Kasuslehre, nach Ellendt-Seyffert § 10—160 in Auswahl nach dem Lehrplan. Übersetzen aus Ostermann. Vokabellernen aus dem Gelesenen und der Grammatik. Wöchentlich abwechselnd Klassenarbeiten und Hausarbeiten, jede dritte Klassenarbeit ist die Übersetzung eines lateinischen Stückes ins Deutsche. Sommer 4, Winter 3 St. — Französisch 4 St. Plötz-Kares Elementarbuch B-Ausgabe 1—36. Sprechübungen. Einige Gedichte gelernt. Wöchentlich Klassenarbeiten, daneben kleine häusliche Übungsarbeiten. -- Geschichte 2 St. Griechische Geschichte bis Alexander und römische bis Titus, nach Jäger und den Tabellen. — Erdkunde 1 St. Vorläufiges aus der allgemeinen Erdkunde und die vier außereuropäischen Erdteile, nach Kirchhoff § 7—18. — Mathematik 2 St. Von den Winkeln und Parallelen, von den Dreiecken und Vierecken, nach Mehler § 1—47. -- Naturgeschichte 2 St. Im Sommer Botanik: Beschreibung und Bestimmung einheimischer Pflanzen, nach Franck. Im Winter Zoologie: Säugetiere und Vögel, nach Wossidlo.

Rechnen 1 St., davon zwei freiwillig. Wiederholung der gewöhnlichen Brüche, Decimalbrüche. Zinsrechnung und Geldrechnung nach dem Lüb. Rechenheft 4. Die freiwilligen Stunden werden benutzt, um die Schüler (im Sommer 29, im Winter 20) gewandter und mit den Rechenvorteilen vertrauter zu machen. Wöchentlich eine Hausarbeit. — Schreiben 1 St., beide Abteilungen vereinigt. Das grofse und kleine Alphabet, deutsch und lateinisch, in Wörtern und Sätzen. Im letzten Vierteljahr auch das griechische Alphabet. — Zeichnen 2 St. Freihandzeichnen nach Vorlagen, Wandtafeln und Holzmodellen. Anfangsgründe der Perspektive. — Singen 2 St., beide Abteilungen vereinigt. Choräle, liturgische Gesänge. Die Dur- und Molltonleiter mit ihren Accorden. Dreistimmige Chorgesänge aus Först Chorgesangschule Heft 3. — Turnen 3 St., beide Abteilungen vereinigt. Zusammengesetzte Freiübungen, auch im Gehen, Reihungen zu Paaren und Viererreihen, Laufen in verbundener Flankenreihe, Dauerlauf bis 5 Minuten, Marschieren in Säulen. Frontmarsch. Übungen an den Geräten wie V, aufser Schwungseil; dazu Pferd.

Quinta V.
Klassenlehrer in Abteilung 1 Oberlehrer Dr. Zimmermann.
In Abteilung 2 Oberlehrer Dr. Glske.

Religion 2 St. Biblische Geschichte des Alten Testamentes, nach Zahn § 44—80, des neuen § 1—14. Gelernt die Gesangbuchlieder in Abt. 1: 318. 153. 356. 287. 81, in Abt. 2: 384. 237. 318. 99. 81. Das zweite (2. und 3. Artikel) und das dritte Hauptstück (bis zur 3. Bitte) des Katechismus mit den dazu gehörigen 27 Sprüchen aus dem Spruchbüchlein. — Deutsch 4 St. Lesen und Erzählen aus Hopf und Paulsiek für V, gelernt 12 Gedichte. Übersicht über alle Wortklassen, nach Wilmanns I § 30—131, Rechtschreibung 1—56. Wöchentlich schriftliche Arbeiten, zwei Diktate und ein Aufsatz abwechselnd. — Lateinisch 8 St. Regelmäfsige und unregelmäfsige Formenlehre, nach Ellendt-Seyffert § 17—68 in Auswahl, Präpositionen 147—9, Formen des Akkusativ und Nominativ mit Infinitiv, des absoluten Ablativ. Übersetzungen und Vokabellernen aus Ostermann. Wöchentlich abwechselnd Klassenarbeiten und Hausarbeiten, daneben kleine schriftliche Übungen. — Geschichte 1 St. Erzählungen aus der griechischen und römischen Sagenwelt, Bilder aus der alten Geschichte, verbunden mit der Erlernung wichtiger Zahlen aus den Tabellen. — Erdkunde 2 St. Vorläufiges aus der allgemeinen Erdkunde, nach Kirchhoff § 1—25, das Wichtigste aus der Globuslehre § 34—39, 41—44. Länderkunde 48—50, Europa 85—92. — Rechnen 4 St. Zerlegen der Zahlen, gewöhnliche Brüche, Zeitrechnung. Die Decimalbrüche bis zum Rechnen mit ganzzahligem Multipliklator und Divisor, nach dem Lüb. Rechenheft 4. Wöchentlich eine Hausarbeit. — Schreiben 3 St. Das grofse und kleine Alphabet, deutsch und lateinisch, in Wörtern und Sätzen. Von Ungeübten wöchentlich eine Hausarbeit. — Zeichnen 2 St. Freihandzeichnen nach Wandtafeln und Vorlagen: gerad- und krummlinige Figuren, Früchte, Blattformen, Vasen u. s. w. mit und ohne Angabe des Schattens. — Singen 2 St., beide Abteilungen vereinigt. Choräle und liturgische Gesänge. Treffübungen. Die Durtonleiter. Ein- und zweistimmige Lieder aus Först Chorgesangschule Heft 2. — Turnen 3 St., beide Abteilungen vereinigt. Wiederholung der Freiübungen von VI mit Hinzunahme schwierigerer Übungen und Zusammenüben verschiedener Körperteile. Ordnungsübungen der vorigen Klasse. Marschieren in größerer verbundener Flankenreihe, Taktlaufen auf und von der Stelle. Übungen an den Geräten für VI, dazu Sturmspringen, Bock und Barren.

Sexta. VI.

Klassenlehrer in Abteilung 1 Hülfslehrer Fricke.
In Abteilung 2 Oberlehrer Dr. Krüger.

Religion 2 St. Biblische Geschichte des Alten Testamentes, nach Zahn § 1—43. Gelernt die Gesangbuchlieder in Abt. 1: 12. 82. 236. 293. 393, in Abt. 2.: 12. 82. 236. 306. Das erste und zweite Hauptstück (Artikel 1) des Katechismus mit den dazu gehörigen 20 Sprüchen aus dem Spruchbüchlein. — Deutsch 4 St. Lesen und Erzählen aus Hopf und Paulsiek für VI, gelernt 12 Gedichte. Grammatische Anfangsgründe nach dem Lehrplan, nach Wilmanns 1, § 12—135, Rechtschreibung § 1—56. Wöchentlich Diktate, 4 Aufsätze. — Lateinisch 8 St. Regelmäßige Formenlehre, nach Ellendt-Seyffert § 13—88 in Auswahl. Übersetzungen und Vokabellernen aus Ostermann. Wöchentlich eine Klassen- oder Hausarbeit, daneben kleinere häusliche Übungsarbeiten. — Geschichte 1 St. Erzählungen aus der deutschen Sagenwelt, Geschichtebilder aus Deutschlands Mittelalter und Neuzeit, verbunden mit der Erlernung wichtiger Zahlen aus den Tabellen. — Erdkunde 2 St. Allgemeine Einleitung in Auswahl, nach Kirchhoff § 1—31, das wichtigste aus der Globuslehre § 32—45, Länderkunde § 46—50, die außereuropäischen Erdteile § 51—84. — Rechnen 4 St. Die 4 Rechnungsarten in benannten Zahlen und die Regeldetri, leichte Aufgaben aus der Bruchrechnung, mündlich und schriftlich, nach dem Lüb. Rechenheft 3. Wöchentlich eine Hausarbeit. — Schreiben 3 St. Das große und kleine Alphabet. deutsch und lateinisch, in Wörtern und Sätzen. Von Ungeübten wöchentlich eine Hausarbeit. Zeichnen 2 St. Freihandzeichnen nach Wandtafeln und Vorlagen: leichte gerad- und krummlinige, meistens in ein Quadrat passende Figuren und Flachornamente. — Singen 2 St., beide Abteilungen vereinigt. Choräle und einstimmige Lieder aus dem Lüb. Liederbuche 2, die Texte gelernt. Gesanglehre nach Jimmerthal 1. Liturgische Gesänge. — Turnen 3 St., beide Abteilungen vereinigt. Einfache Gliederübungen auf der Stelle, Arm-, Rumpf- und Beinbewegungen. Bildung der Stirn- und Flankenreihe, Drehen auf der Stelle, leichte Gangarten, besonders Marschieren in verbundener Flankenreihe. Anfangsübungen im Freispringen, Tiefspringen, Klettern, am Schwebebalken, an der senkrechten, schrägen und wagerechten Leiter, am Reck, an den Schaukelringen und am Rundlauf.

Vorschule.

Ober-Septima. O VII.
Klassenlehrer in Abteilung 1 Lehrer Wentorf.
In Abteilung 2 Lehrer Utermarck.

Religion 2 St. Erweiterte biblische Geschichte des Alten und Neuen Testamentes, nach dem Lehrplan, nach Zahn. Gelernt: Die Gebote, die Gesangbuchlieder 11. 101. 326 und die früheren wiederholt. — Deutsch 4 St. Einleitende Vorübungen zur Grammatik: Kenntnis und Unterscheidung der hauptsächlichsten Wortarten. Grundzüge der Flexion, nach Wilmanns § 7—47 in Auswahl. Die Rechtschreibung wurde durch Buchstabieren, Abschreiben und Diktate nach einigen leicht verständlichen Regeln praktisch geübt. Wöchentlich 2 Hausarbeiten. — Lesen 4 St. Lesen und Lernen aus Hopf und Paulsiek für VII. mit täglicher häuslicher Übung. — Anschauung 2 St. Pflanzen und Tiere der Heimat. Bilder von Leutemann. — Erdkunde 2 St. Erweiterte Heimatskunde: Umgegend von Lübeck, Schleswig-Holstein und Mecklenburg. — Rechnen 4 St. Die 4 Rechnungsarten mit benannten und unbenannten Zahlen im unbegrenzten Zahlenraum, nach dem Lüb. Rechenbuch 2. Es wurde fleißig im Kopfe gerechnet. Wöchentlich 2 Hausarbeiten. — Schreiben 4 St. Das Alphabet, deutsch und lateinisch, in Reihenvorschriften. Wöchentlich 2 Hausarbeiten. Abschreiben aus dem Lesebuche, deutsch und lateinisch. Schreibhefte No. 5 und 6. — Singen und Turnen 2 St., beide Abteilungen vereinigt. Einstimmige Lieder aus dem Lüb. Liederbuche 1, die Texte gelernt. Frei- und Ordnungsübungen. Spiele.

Mittel-Septima. M VII.
Klassenlehrer Lehrer Teckenburg.

Religion 2 St. Erweiterte biblische Geschichte des Alten und Neuen Testamentes nach dem Lehrplan in Auswahl, nach Zahn. Gelernt: die Gesangbuchlieder 47. 59. 187 und einige Gebote. — Deutsch 4 St. Buchstabieren, Lesen mit Trennung der Silben, Abschreiben, Diktate. Wöchentlich 2 Hausarbeiten. — Lesen 6 St. Übung im langsamen, lauten und deutlichen Lesen, auch im Chorlesen, nach dem Lüb. Lesebuch 2, kurze Wiedergabe des Gelesenen; eingelernt werden die Grimm'schen Märchen behandelt. Täglich häusliche Übung. Gelernt wöchentlich eine bis zwei Strophen. — Anschauung 2 St. Heimatskunde: Die Stadt Lübeck mit nächster Umgebung. — Rechnen 4 St. Die 4 Rechnungsarten mit unbenannten Zahlen im Zahlenraum von 1—1000, nach dem Lüb. Rechenheft 1 und 2. 1 × 1 und 1 : 1. Wöchentlich 2 Hausarbeiten. — Schreiben 4 St. Das kleine und grofse, deutsche und lateinische Alphabet, einzeln und in Wortverbindung. Taktschreiben. Schreibhefte No. 5 und 6. Wöchentlich 2 Hausarbeiten. — Singen und Turnen 2 St. Einstimmige Lieder aus dem Lüb. Liederbuch 1, Texte gelernt. Frei- und Ordnungsübungen. Spiele.

Unter-Septima. U VII.

Klassenlehrer Lehrer Meyer.

Religion 2 St. Biblische Geschichte des Alten und Neuen Testamentes nach dem Lehrplan in Auswahl, nach Zahn. Gelernt: leichte Liederverse, Sprüche, Gebete. — Deutsch 2 St. Abschreiben aus der Fibel und dem Lesebuche, leichte Diktate, Buchstabieren. Wöchentlich 2 Hausarbeiten. — Lesen 6 St. Von den Anfangsgründen bis zum zusammenhängenden Lesen in der Fibel und im Lüb. Lesebuch 1, täglich häusliche Übung. Gelernt: verschiedene Gedichte. — Anschauung 2 St. Im Anschlufs an Pfeiffers Bilder zu Hey's Fabeln: Die Beschäftigung der Menschen in Stadt und Dorf, Feld und Wald, Haus und Hof; das Leben einzelner bekannter Tiere. Ablesen der Uhr. — Rechnen 4 St. Der Zahlenraum von 1—20 in den 4 Rechnungsarten, Addition und Subtraktion im Zahlenraum von 1—100, nach dem Lüb. Rechenheft 1. Wöchentlich 2 Hausarbeiten. — Schreiben 4 St. in Verbindung mit dem Lesen: Einübung der Buchstabenformen, deutsch und lateinisch, mit Griffel und Bleistift, im Winter mit der Feder. Schreibheft Nr. 5. Wöchentlich 2 Hausarbeiten. — Singen und Turnen 2 St. Einstimmige Lieder aus dem Lüb. Liederbuche 1; Texte gelernt. Frei- und Ordnungsübungen. Spiele.

Der übrige technische Unterricht.

Zeichnen. Aus den Gymnasialklassen O I a bis U III a 2 nahmen am freiwilligen Zeichenunterricht teil im Sommer 3 Schüler aus O I a, 1 aus U I a, 2 aus O II a, 4 aus U II a 1, 1 aus U II a 2, 2 aus O III a 1, 4 aus O III a 2, 3 aus U III a 1; im Winter 4 aus O I a, 5 aus U I a, 6 aus O II a, 3 aus U II a 1, 1 aus U II a 2, 2 aus O III a 1, 6 aus O III a 2, 2 aus U III a 1; aufserdem nahmen freiwillig teil vom Realgymnasium im Sommer 5 aus I b, 2 aus O II b, 5 aus U II b, 3 aus O III b, 1 aus U III b 2; im Winter 3 aus I b, 3 aus O II b, 4 aus U II b, 3 aus O III b, 1 aus U III b 1, 1 aus U III b 2; im ganzen 36 Schüler im Sommer und 41 Schüler im Winter. Die fähigeren Schüler zeichneten Ornamente, Tiere, Büsten und Statuen nach Gips, die übrigen nach Holz- und Gipsmodellen, auch Ornamente, Tiere, Landschaften und Köpfe nach Vorlagen. 4 Schüler übten sich im Maschinenzeichnen, 4 im Planzeichnen und 1 aquarellierte nach Vorlagen und nach der Natur.

Gesang. Die aus den Klassen I—III zusammengesetzte Chorklasse zählte zu Anfang des Sommers 119 Schüler von 323 im ganzen und zu Anfang des Winters 111 Schüler von 315 im ganzen. Geübt wurden Choräle, vierstimmige von Bach und einstimmige, die neue Liturgie, Volks- und patriotische Lieder, Chöre von Palestrina, Beethoven, Konr. Kreutzer. Haydn. Proben wurden abgelegt bei den Schulfeierlichkeiten zu Ostern, dem Schulfest und zu Kaisers Geburtstag.

4. Aufsatz-Themata der oberen Klassen.

Gymnasium.

Aufgaben bei der Entlassungsprüfung. Deutsch. Deutschlands nationaler Aufschwung im 19. Jahrhundert. Griechisch. Thukydides 6, 6 und 8. Französisch. Diktat aus P. Blanchard Histoire des batailles, sièges et combats français de 1792—1815. Mathematik. 1. Nach dem Antrage einer Kommission der Synode sollte die St. Matthäi-Gemeinde zum Bau ihrer Kirche eine Anleihe von 66 000 $\mathcal{M}$. zu 3½ % abschliefsen dürfen unter der Verpflichtung, sie jährlich mindestens mit 1 % und den infolge der Abzahlung zu ersparenden Zinsen zu tilgen, und mit der Ermächtigung, nach dem jeweiligen Stande der Kasse die Tilgungsquote bis auf 3½ % zu erhöhen. In wie viel Jahren wäre eine solche Anleihe frühestens getilgt? 2. Ein Dreieck zu konstruieren, wenn gegeben sind die beiden Abschnitte, in welche eine Seite durch die Halbierungslinie des gegenüberliegenden Winkels zerlegt wird, und die zu dieser Seite gehörige Höhe. 3. Grundlinie und Höhe eines Dreiecks zu berechnen, wenn die Summe derselben und zwei Winkel des Dreiecks bekannt sind. $c + h_c = 338$, $a = 67° 22' 49''$, $\beta = 53° 7' 49''$. 4. Eine Kugel von 1 m Radius wird durch drei konzentrische Schichten von unter sich gleichem Volumen zu einer Kugel von 2 m Radius vergröfsert; wie dick sind die einzelnen Schichten?

Deutsche Aufsätze.

O I a. 1. Worin zeigt Goethes Hermann seinen männlichen Sinn? 2. Warum ist Goethes Götz eine Lieblingsgestalt des deutschen Volkes? 3. Unser Fünfkampf. In Versen. 4. Das Walten des Sittengesetzes in Wildenbruchs Karolingern. 5. Iphigenies Wesen und Wirken auf Tauris (Klassenarbeit). 6. Goethes Iphigenie, das Hohelied der Liebe und Wahrheit. 7. Die Bedeutung Rudolfs von Habsburg in Grillparzers Ottokar. 8. Schillers Ansicht über die tragische Richtung, dargethan an seiner Maria Stuart. 9. Die verschiedene Wirkung des Königs Ödipus und der Braut von Messina (Klassenarbeit). 10. Prüfungsaufsatz.

U I a. 1. Wie rettete sich Aeneas aus dem brennenden Troja? (Nach Vergil). 2. Die Freundschaft zwischen Karlos und Posa, nach dem ersten Aufzug von Schillers Drama. 3. Wer sich nicht selbst befiehlt, bleibt stets ein Knecht. 4. Wie erklärt sich das wechselnde Verhalten König Karls und seiner Ritter zu Johanna Darc? (Klassenarbeit). 5. Worauf gründet sich Klopstocks Vaterlandsliebe? 6. Der Streit zwischen Ehre und Liebe in Lessings Minna von Barnhelm. 7. Inwiefern ist Götz von Berlichingen selbst an seinem Unglück schuld? 8. Welche Gedanken mochten Winckelmann bewegen, als er nach Rom kam? 9. Strafsburg 1770 und 1870 (Versuch in Versen). 10. Macbeth und Banquo (Klassenarbeit).

O II a. 1. Friede ernährt, Unfriede verzehrt. 2. Wie schildert die dritte aventiure den Siegfried und die andern burgundischen Helden? 3. Womit wird der Leser im Prolog der Jungfrau von Orleans bekannt gemacht? 4. Der Hof der Burgunderkönige nach den ersten fünf Gesängen des Nibelungenliedes (Klassenaufsatz). 5. Was veranlafste Schiller, die Figur des Parricida in seinen Tell mit hineinzuziehen? 6. Die Zustände auf Ithaka bei Odysseus' Heimkehr. 7. Die Burg Bechlarn und ihre Bewohner (Klassenaufsatz). 8. Des Helden Name ist in Erz und Marmorstein So wohl nicht aufbewahrt als in des Dichters Liede. 9. Welche Züge in Hagens Charakter sind geeignet, uns mit den Härten desselben auszusöhnen? 10. Das Elsafs nach Goethes Wahrheit und Dichtung.

U II a I. 1. Ein Spaziergang am Sonntagmorgen. (Mit Benutzung des Gedichtes von Uhland „Schäfers Sonntagslied".) 2. Der Sänger von Goethe und des Sängers Fluch von Uhland. (Ein Vergleich.) 3. Wie zeigt sich Ernst von Schwaben im zweiten Aufzuge des gleichnamigen Trauerspiels von Uhland? 4. Der Jüngling in Schillers „Taucher". 5. Welche Gedanken und Empfindungen erweckt in uns die Erntezeit? (Klassenaufsatz). 6. Wodurch und wie wurde im zweiten punischen Kriege der Abfall Capuas von Rom herbeigeführt? (Nach Livius.) 7. Des Königs Not und Rettung. (Nach dem ersten Aufzuge in Schillers „Jungfrau von Orleans". 8. Schillers „Kassandra" und das Selbstgespräch am Anfange des vierten Aufzuges der „Jungfrau von Orleans". 9. Ferro nocentius aurum. (Chric.) 10. Inhaltsangabe des vierten Gesanges von Goethes Hermann und Dorothea (Klassenaufsatz).

U II a 2. 1. Des Sängers Dank und des Sängers Fluch. 2. Vor dem Mühlenthore. 3. Charakteristik des Pfarrers in Goethes Hermann und Dorothea. 4. Des Hauses Glück und des Hauses Unglück. (Nach Schillers Lied von der Glocke.) (Klassenaufsatz.) 5. Ein Herbsttag. (Metrische Arbeit.) 6. Wilhelm von Oranien. 7. Ferdinand im Verhältnis zu seinem Vater. (Nach Goethes Egmont). 8. Der Ritter vor dem Kampf mit dem Drachen. 9. Frankreichs Lage vor dem Auftreten der Jungfrau von Orleans. 10. Maria Stuart und Burleigh (Klassenaufsatz).

Realgymnasium.

Aufgaben bei der Entlassungsprüfung. Deutsch. Welche Gefühle und Leidenschaften werden in Goethes Iphigenie zur Darstellung gebracht? Lateinisch. Livius 32. 9.6 bis 10.8. Französisch. La guerre franco-allemande jusqu' à la bataille de Sedan. Mathematik. 1. Welche Werte ergeben sich für x aus der Gleichung $(x^6 + x^3 + 1):(x^6 - x^3 + 1) = 7 (x^3 + 1):9(x^3 - 1)$? 2. Wie grofs wird die Kante des gröfsten regulären Tetraeders, der aus einer Kugel vom Radius r herausgeschnitten werden kann? r = 10 cm. 3. Um einen Punkt A einzumessen, stellt ein Geometer seinen Theodoliten in den Punkten B und C auf. Er findet $\angle ABC = 39^0 17'$ und $\angle ACB = 67^0 13'$. Es sind die Koordinaten von B x = — 3.507 m und y = 17,321 m. diejenigen von C x = + 21.377 m und y = — 16,374 m. Welches sind die Koordinaten von A? 4. Die Meridiandurchschnitte der Erde sind Ellipsen, deren Halbachsen 6377,4 und 6356,1 Kilometer lang sind. Die Verbindungslinie vom Erdmittel-

62

punkt nach Lübeck bildet mit der grofsen Achse einen Winkel von 53° 53'. Wie weit liegt Lübeck vom Erdcentrum entfernt? Physik. Mittelst eines elektrischen Stromes von 105 V. Spannung und 15 A. Stromstärke soll 1 Kg. Eis von 0° C. in Dampf von 100° C. verwandelt werden. Die Ampèrestunde mufs mit 2 Pf. bezahlt werden. Wie hoch stellt sich das Experiment?

Deutsche Aufsätze.

I b. 1. Die Ursachen des Abfalls der Niederlande. 2. Inhalt und Gedankengang der ersten Szene von Goethes Tasso. 3. Tassos Charakter. 4. Welche Personen nehmen in der Geschichte des Abfalls der Niederlande unsere Teilnahme am meisten in Anspruch? 5. Egmont und Tell (Klassenarbeit). 6. Warum sind so viele ausgezogen, das gepriesene Italien mit heifsem Wunsche suchen)? 7. Die Seefahrt ein Bild des Lebens (Klassenarbeit). 8. Welche Charaktereigenschaften waren es, die Tassos Trennung von seinen Freunden notwendig machten? 9. Einleitung zu Goethes Iphigenie in Tauris 10. Welchen Charakter zeigen die Personen in Goethes Tasso und was ist daran zu tadeln?

O II b. 1. Götz von Berlichingen und seine Leute. 2. Das Leben am Hofe zu Bamberg. 3. Verlegen. 4. Siegfried und Kriemhilde in den ersten drei Gesängen der Nibelunge Not (Klassenarbeit). 5. Warum heifst Odysseus der Listenreiche? 6. Das Erwachen des Odysseus auf Ithaka. (Ein Monolog in fünffüfsigen Jamben.) 7. Hagen an der Bahre Siegfrieds. (Ein Gemälde.) 8. Deutsche Frauen, deutsche Treue in der Gudrun (Klassenarbeit). 9. Hagen im Waltharilied und in der Nibelunge Not, derselbe und doch ein anderer. 10. Was erfahren wir über Walthers Lebensgang bis zum Frankfurter Reichstag aus seinen Sprüchen?

U II b. 1. Beschreibung des Marktbrunnens. 2. Ein Ausflug zu Pfingsten. 3. Ein Ferienbrief. 4. Johannes Parricida. 5. Warum wurde über Ernst von Schwaben die Reichsacht verhängt? (Klassenarbeit). 6. Johannas Berufung. 7. Mortimers Erlebnisse vor seiner Unterredung mit Maria Stuart. 8. Ein Weihnachtsbrief. 9. Inhaltsangabe des ersten Aufzuges von Götz von Berlichingen (Klassenarbeit). 10. Die Schicksale der Vertriebenen in Hermann und Dorothea.

Französische Aufsätze.

I b. 1. Compte-rendu du 1er acte du Cid. 2. Causes et premiers événements de la révolution de 1789. 3. Les reformes accomplies par la Constituante. 4. Montrer comment les Anglais défendirent leurs libertés nationales au 17e siècle. 5. L'armée française en 1870. 6. La guerre contre la 1re coalition. 7. O I b Raconter les événements qui précèdent l'action principale dans le Village. U I b La mobilisation et la concentration de l'armée française en 1870. 8. La vie et le caractère de Rouvière, d'après le Village.

O II b. 1. Récit d'après Les Souvenirs du Peuple par Béranger. 2. L'enfance d'Albert Besnard, d'après les Mémoires d'un Collégien. 3. Pierre l'Ermite. 4. Une journée au collège.

5. Bibliothek und Lehrmittel.

Für die Schulbibliothek wurden angeschafft: Centralblatt für die gesamte Unterrichts-Verwaltung in Preußen. Jahrg. 1897. — Statistisches Jahrbuch der höheren Schulen Deutschlands. Jahrg. 18. Jahresbericht für das höhere Schulwesen, her. von Rethwisch. Jahrg. 11. — Zeitschrift für das Gymnasial-Wesen. Bd. 51. — Pädagogisches Archiv, Monatsschrift für Erziehung und Unterricht. Jahrg. 39. Lehrproben und Lehrgänge aus der Praxis der Gymnasien und Realschulen. Heft 51—54. Zeitschrift für den deutschen Unterricht. Jahrg. 11. Neue Jahrbücher für Philologie und Pädagogik. Bd. 155-56 nebst Supplementband 23, 2-3. — Hermes, Zeitschrift für classische Philologie. Bd. 32. Rheinisches Museum für Philologie. Bd. 52. — Philologus. Bd. 56. — Jahresbericht über die Fortschritte der classischen Altertumswissenschaft. Jahrg. 24.9 bis 25,10. — Berliner Philologische Wochenschrift. Jahrg. 17. Archiv für das Studium der neueren Sprachen. Bd. 98-99. — Englische Studien, Organ für englische Philologie. Bd. 24. — Petermanns Mitteilungen. Bd. 43 nebst Ergänzungsheft 121-23. — Zeitschrift für Schulgeographie. Jahrg. 18. Wetterberichte der deutschen Seewarte. Jahrg. 22. — Annalen der Physik und Chemie. Bd. 60-62. — Beiblätter zu den Annalen der Physik und Chemie. Bd. 21. — Naturwissenschaftliche Wochenschrift. Bd. 12. — Journal für die reine und angewandte Mathematik. Bd. 118. — Zeitschrift für den mathematischen und naturwissenschaftlichen Unterricht. Bd. 28. — Monatsschrift für das Turnwesen. Bd. 16. — Ferner: Oskar Jäger, Lehrkunst und Lehrhandwerk. Aus Seminarvorträgen. Wiesbaden 1897. — E. Wagner und G. v. Kobilinski, Leitfaden der griechischen und römischen Altertümer für den Schulgebrauch zusammengestellt. Berlin 1897. — H. Steuding, Denkmäler antiker Kunst für das Gymnasium ausgewählt und in geschichtlicher Folge erläutert. Leipzig 1896. — H. Luckenbach, die Akropolis von Athen. München 1897. — Gymnasial-Bibliothek, her. von Pohlmey und Hoffmann. Heft 25. H. Willenbücher, Tiberius und die Verschwörung des Sejan. Gütersloh 1896. Heft 26. R. Büttner, der jüngere Scipio. 1897. Heft 27. E. Ziegeler, Aus Ravenna. 1897. — Cl. Klöpper, Englisches Real-Lexikon. Lief. 11-24. Leipzig 1897. — Cl. Klöpper, Französisches Real-Lexikon. Lief. 1-3. Leipzig 1897. — E. Rothert, Karten und Skizzen aus der Geschichte des Altertums. Düsseldorf 1897. — E. Rothert, Karten und Skizzen aus der deutschen Geschichte der letzten Jahrhunderte. Düsseldorf 1897. — E. Marcks, Königin Elisabeth von England und ihre Zeit. Bielefeld und Leipzig. 1897. — J. Frick, Physikalische Technik. Specielle Anleitung zur Ausführung physikalischer Demonstrationen. 6. Aufl. von O. Lehmann. Bd. 1-2. Braunschweig 1890-95. — Ostwald's Klassiker der exakten Wissenschaften. Nr. 86-87. M. Faraday, Experimental-Untersuchungen über Elektricität, her. von A. J. v. Oettingen. 3.-8. Reihe. Leipzig. 1897. — P. v. Schaewen. 500 Aufgaben aus dem mathematischen Pensum der Untersekunda. Halle 1897.

Für die Schülerbibliothek wurden angeschafft: F. Dahn, Ein Kampf um Rom. Historischer Roman. 17. Aufl. Bd. 1-4. Leipzig 1891. — Willibald Alexis, Der falsche

Woldemar. 5. Aufl. Berlin o. J. Die Hosen des Herrn von Bredow. 9. A. Berlin o. J.
Der Wärwolf. T. 1-2, 5. A. Berlin o. J. — K. Immermann, Der Oberhof. Mit Einleitung
von Schücking. Stuttgart o. J. — Ad. Banner. Die Rebellen von Lübeck. Historischer See-
roman aus den Zeiten der Hansa. Bd. 1-2. Dessau 1854. — L. Stacke, Erzählungen aus
der neuen Geschichte. 13. A. Oldenburg 1894. — Ch. Dickens (Boz), Eine Geschichte von
zwei Städten. Neu aus dem Englischen von C. Kolb. Stuttgart 1861. — W. Jösting,
Erinnerungen eines kriegsfreiwilligen Gymnasiasten aus dem Jahre 1870/71. München 1897.
— E. v. Enzberg, Nansens Erfolge allgemein fafslich dargestellt. 6. A. Berlin 1898. —
Geistbeck, Bilderatlas zur Geographie der aufsereuropäischen Erdteile. Mit beschreibendem
Text. Leipzig und Wien 1897. — W. Marshall. Bilderatlas zur Zoologie der Säugetiere.
Leipzig und Wien 1897. — Fr. Berge, Illustrirte Naturgeschichte für die Jugend. Stutt-
gart 1897. — Das neue Universum. Die interessantesten Erfindungen und Entdeckungen
auf allen Gebieten. Jahrg. 18. Stuttgart, Berlin, Leipzig 1897. — Kolumbus-Eier, eine
Sammlung unterhaltender und besonders physikalischer Spielereien. 2. A. Stuttgart, Berlin,
Leipzig o. J. — K. v. Albrecht, Unter südlicher Sonne. Eine Erzählung für die reifere
Jugend. Stuttgart o. J. — S. Steinberg, Das Preufsenkind. Eine Erzählung aus dem
Leben. Gotha 1891. — B. Wiener, Blau und Gold. Erzählung aus dem 13. Jahrh.
Stuttgart o. J. — F. Stilke, Rinold und Tuiskomar. Erzählung aus des Vaterlandes
Vorzeit. Leipzig 1898. — E. v. Barfuss, Treue Freunde. Erlebnisse zweier Deutschen
in Nord-West-Borneo. Stuttgart 1897. — S. Wörishöffer, Onnen Wisser, der Schmuggler-
sohn von Norderney. 3. A. Bielefeld und Leipzig 1892. — H. v. Zobeltitz, Die Jagd
um den Erdball. Eine abenteuerliche Geschichte aus vier Erdteilen. Bielefeld und Leipzig
1896. — H. von Tanera, Des Kronprinzen Kadett. Eine Erzählung aus dem Deutsch-
Französischen Kriege 1870-71. — Fr. Hoffmann, Neuer Deutscher Jugendfreund. Bd. 52.
Stuttgart 1897. — C. Flemming, Vaterländische Jugendschriften. Glogau o. J. Bd. 52.
F. von Köppen, Ernst Moritz Arndt und Friedrich Ludwig Jahn. Bd. 53. C. Spielmann,
Johann Gutenberg und seine Schüler. Bd. 54. C. Spielmann. Der Kyffhäuser-Kaiser
(Friedrich II). Bd 56. A. Ohorn. Karlsschüler und Dichter. — Aus unserer Väter Tagen.
Bilder aus der deutschen Geschichte. Dresden. Bd. 15. J. B. Muschi. Deutsche Meister
des Mittelalters. Bd. 16. Fr. Dittmar, In Nürnbergs Mauern. Bd. 17. A. v. Carlowitz,
Unter dem Feldzeichen Kaiser Maximilians. Bd. 18. A. v. Carlowitz, Aus dem Zeitalter
der Reformation. — Brehm, Vom Nordpol zum Äquator. Stuttgart 1890. 2 Expl. —
G. Freytag, Technik des Dramas. 2 Expl. — W. Jordan, Die Nibelungen. 2 Bde.
13. Aufl. 2 Expl. — F. Jacobs, Hellas, neu bearbeitet von C. Curtius. Stuttgart 1897.
2 Expl. — F. Vogt und M. Koch, Geschichte der deutschen Litteratur. 2 Bde.
Leipzig 1897. — v. Frankenberg, Kriegstagebücher von 1866 und 1870. Stuttgart 1896.
— G. Freytag, Ingo. 23. Aufl. 1896. — V. Scheffel, Ekkehard. 146. Aufl. 1895. —
H. Knackfufs. Künstler-Monographien (Rembrandt, Thorwaldsen, Menzel, v. Werner,
Defregger). 5 Bde. 1896.

Ferner erhielt die Bibliothek an Geschenken:

Vom Kgl. Preufsischen Unterrichtsministerium: Verzeichnisse der Vorlesungen an den preufsischen Universitäten. Sommer 1897, Winter 1897/8, Sommer 1898. — Von der Universität Kiel: Verzeichnisse der Vorlesungen. Winter 1897, Sommer 1898. Verzeichnis des Personals und der Studierenden Winter 1897/8. — Von der Universität Rostock: 94 akademische Schriften 1896/7. — Vom Grofsh. Oldenburgischen Statist. Amt: Kollmann, Die landwirtschaftliche Verschuldung im Grofsh. Oldenburg 1897. Statistische Beschreibung der Gemeinden des Herzogthums Oldenburg 1897.

Von den Herren Verfassern: Schnitger & Berndt, Leitfaden für Grammatik und Orthographie in der Vorschule. I. II. Hamburg 1897.

Von den Herren Verlegern: C. F. Amelangs Verlag in Leipzig: Lüdecking, Französisches Lesebuch I. 22. Aufl. 1897. — J. Bielefelds Verlag in Karlsruhe: Kron, Le petit Parisien. 1897. — Johs. Burmeister in Stettin: Gewissenszeugnis eines Duellanten gegen das Duell von einem Schleswig-Holst. Kampfgenossen 1848/51. 1897. 3 Ex. — G. Freytag in Leipzig und Prag: Cicero Tusculanen (Gschwind). 1897. Cicero gegen Cäcilius, 4. u. 5. Verrine (Nohl). 2. Aufl. 1897. Caesar bellum civile III (Eymer) 1897. Bruno, Le Tour de la France (Walther) 1897. Malot, En Famille (Pariselle) 1897. Erckmann-Chatrian, Deux Contes Populaires (Mühlan) 1897. Gaskell, Cranford (Im. Schmidt) 1897. Gatty, Parables from Nature (Ad. Müller). 1897. Harre-Giercke, Lateinisches Übungsbuch I (Sexta) 1898. — Gohmannsche Buchdruckerei in Hannover: Korfün, Kaiser Wilhelm der Grofse. 1897. — Hermann Hillger in Berlin, Eisenach, Leipzig: Kürschner, Heil Kaiser dir. 1897. — Hermann Kanitz in Gera: Odenwald, Liedersammlung. 2. Teil. 13. Aufl. 1897. — Carl Meyer (Gustav Prior) in Hannover: Lehmann und Dorenwell, Deutsches Sprach- und Übungsbuch. 2. Heft. (Quinta.) 1898. — H. W. Müller in Berlin: Rüdorff, Grundrifs der Chemie. 11. Aufl. 1897. Günther & Böhm, Rechenbuch. 5. Aufl. 1898. Köhne, Repetitions-Tafeln für den Zoologischen Unterricht. 1. Heft. 6. Aufl. 2. Heft. 5. Aufl. — Nicolaische Verlagsbuchhandlung (R. Stricker) in Berlin: Kern, Leitfaden für den Anfangsunterricht in der Deutschen Grammatik. 2. Aufl. 1897. — Heinrich Schmidt und Carl Günther in Leipzig: Frank, Pflanzen-Tabellen. 7. Aufl. 1897. 4 Ex. — Otto Schulze in Cöthen: Deutschbein, Stoffe zu englischen Sprechübungen. 1898. — Friedrich Andreas Perthes in Gotha: Neue Philologische Rundschau. Jahrg. 1898. Nr. 1. 3 Ex. — B. G. Teubner in Leipzig: Weifsenfels, Griechische Schulgrammatik. 1897. Wesener, Griechisches Elementarbuch I. II. 1895 und 1896. 3 Ex. — E. F. Thienemann in Gotha: Puls, Lesebuch für die höheren Schulen Deutschlands. Ausgabe B. III. IV. V. 1897. — Chr. Friedr. Viewegs Buchhandlung in Quedlinburg: Becker und Kriegeskotten, Schulchorbuch 1. ohne Jahreszahl. — R. Voigtländer in Leipzig: Otto Hoffmann, Geschichtserzählungen für Sexta und Quinta 1898. Dobriner, Lehrbuch der Geometrie. 1898. — H. Wagner & E. Debes in Leipzig: Neumann, Lehrbuch der Geographie 1.

1897. — Buchhandlung des Waisenhauses in Halle: Feist, Lehr- und Lesebuch der französischen Sprache. II. 1897. — Weidmannsche Buchhandlung in Berlin: Ellendt-Seyffert, Lateinische Grammatik. 42. Aufl. 1898. 62 Ex. — Winckelmann & Söhne in Berlin: Gropius, Lesebuch für die erste Stufe des griechischen Unterrichts 1897, nebst Vorwort. 1896.

Für den geschichtlichen und erdkundlichen Unterricht wurden angeschafft: Klöppel Drehbare Sternkarte des nördlichen Sternenhimmels, Geographische Charakterbilder und zwar 17 Stück von Lehmann, 2 St. von Hölzel, Geistbeck 1 geographisches Typenbild, Beuteli 1 schweizerisches Bild, Ennecccrus Die ältesten Deutschen Sprachdenkmäler in Lichtdrucken. Rich. Kiepert Asien 2 Ex., Sydow-Habenicht Afrika, Lang Schulwandkarte des Kriegsschauplatzes 1870/71, die übrigen Mittel wurden für Aufziehen und Mappen verwendet; für den naturwissenschaftlichen Unterricht: ein Modell für die Ankerhemmung einer Taschenuhr von C. Diederichs in Göttingen, ein Bandmaß, ein Senkel, ein Nivellierinstrument mit Stativ, eine elektrische Glühlichtlampe in ihren auf einander folgenden Entstehungsstufen, ein Acetylengasentwicklungsapparat mit dazu gehörigen Brennern, Ersatz für verbrauchte Chemikalien und Geräte, ein Spirituspräparat von Termes fatalis, etwa 200 Schnecken und Muscheln aus den Donbletten des Museums, Pappkästen und Etiketten dazu, und die Zeitschrift für den physikalischen und chemischen Unterricht; für den Zeichensaal: die Büsten des Jupiter von Otricoli und der Juno Ludovisi, die Anatomie von Coudron und die Gefäßsammlung von Franz Hauptmann; für die Gesangsklasse: Griechischer Hymnus auf Apollo, Ergänzung der Stimmen zu den Bachschen Chorälen, die übrigen Mittel wurden für Ausbesserung und Stimmung der Instrumente und für Einbände verwendet; für die Turnhalle: einige Exemplare des Preußischen Leitfadens für den Turnunterricht, eine Anzahl Stangen, Ger- und Fahnenstangen, Fußbälle, Gummischlauch und Wassersprenger, die übrigen Mittel wurden für Einölen der Geräte und Ausbesserungen verwendet.

Herrn Oberforstmeister Schatter in Berka a./J. dankt die Schule für einen Anhydritbohrkern aus einer Kalisalzbohrung, der hiesigen Firma Miesner & Pape für einen Smirgelstein von Naxos. Herrn Oberlehrer Schneermann für Kieselguhr von Suderburg bei Ülzen, Herrn H. Jaede für Pfeifenthon von Gr. Almerode in Hessen. Auch von Schülern gingen wieder dankenswerte Geschenke ein, so von H. Cawie aus I b eine Gipsform für ein Blattornament, von C. Häfsler aus U II b eine hübsche Sammlung von Kalisalzen aus Stafsfurt, von H. Mahnke aus O III b ein merkwürdiges Tropfsteingebilde, von F. Beermann aus O III b Kakaobohnen aus Kamerun, von H. Holtzermann aus U III a 2 ein Sperber, von W. Küstermann aus U III a 1 ein Fasanenschweif, von B. Rüfse aus IV 2 ein Wiesel. Ed. Perez aus I b zeichnete ein Registrierthermometer, für ihre Klassenzimmer zeichneten A. Heidenreich aus I b eine Tabelle über die Bestimmung der geographischen Breite Lübecks und H. Laage aus U II a 2 eine Karte zu Xenophons Anabasis.

6. Besuch der Schule.

8 Ia 8 Ib 8 IIa 8 IIa! 8IIa! 8IIa! 8IIIa! 8IIa2 | I b 8II6 8IIIb 8IIII 8IIII2 | IY I | IY 2 Y I I 2 | YI I | YI 2| 8YII 8YIII2 | 8YII GYIII Gesamt

a. Schülerbestand.

	8 Ia	8 Ib	8 IIa	8IIa!	8IIa!	8IIa!	8IIIa!	8IIa2	I b	8II6	8IIIb	8IIII	8IIII2	IY I	IY 2	Y I	I 2	YI I	YI 2	8YII	8YIII2	8YII	GYIII	Gesamt
Bestand am 1. März 1897	18	22	32	17	17	21	21	22	21	16	16	35	29		33	28	27	28	26	27	27	23	23 33 41	603
Abgang bis und zu Ostern 1897	16	1	4	3	1		4	1		3	9	17		7		1	2	2	1		—	—	2 1 —	75
blieben alte Schüler...	2	21	28	11	16	21	21	18	20	13	7	18	29	26	27	25	26	25	27	27	23	21 32 41	528
Bestand nach d. Versetzung	22	24	27	19	23	19	17	21	17	20	15	31	15	8	16	28	28	31 23 23 24	18	16 41 —	528
Zugang zu Ostern	—	—	1		1	2	5	9		2		1	8			2	2	6 6 4	3	2 1 38	93
Gesamt zu Ostern...	22	24	27	20	23	20	19	26	26	20	17	31	16	16	16	30	30	31 29 29 28	21	20 42 38	621
Abgang im Laufe des Schuljahres bis 1. März 1898	1	1			2	2		1		4	1	2	2	1	1	3		6 1 1	—	1 2 —	32
es blieben daher	22	23	26	20	23	18	17	26	25	16	16	29	11	15	15	30	27	31 23 28 27	21	19 40 38	589
Zugang im Laufe des Schuljahres bis 1. März 1898	—	—	—	1		1	1	1	2	1	—	1	—	—		1	—	1 1 3	1	1 — 1	17
Bestand am 1. März 1898	22	23	27	20	23	19	18	27	27	17	16	29	15	15	15	31	27	31 24 29 30	22	20 40 39	606

b. Religion der Ostern vorhandenen Schüler.

evangelisch-lutherisch ...	20	23	23	15	20	18	16	20	25	18	16	27	14	15	15	25	24	25 22 26 23	19	16 33 34	532
evangelisch-reformiert ...	—	—	2	—	—	—	—	2	—	1	—	1	—	—	—	—	1	— 1 —	—	— 1 —	9
evangelisch............	—	—	—	2	2	1	2	2	1	—	—	3	2	1	1	2	3	6 4 3 3	2	3 8 2	53
katholisch	1	—	—	2	—	—	—	2	—	1	1	—	—	—	—	2	—	— 2 — 2	—	1 — 1	15
israelitisch	1	1	2	1	1	1	1	—	—	—	—	—	—	—	—	1	2	— — —	—	— — 1	12

c. Herkunft derselben.

Einheimische	16	17	20	15	14	16	13	20	21	11	15	25	13	15	14	24	22	27 25 27 25	21	19 42 38	515
Fremde	6	7	7	5	9	4	6	6	5	9	2	6	3	1	2	6	8	4 4 2 3	—	1 — —	106

d. Aufnahme.

Gesamt	—	—	1	1	—	2	3	6	11	1	2	—	2	8	—	3	2	— 7 7 7	4	3 1 39	110

Davon kamen aus dem elterlichen Hause

unvorbereitet	—	—	—	—	—	—	—	—	—	—	—	—	—	—	—	—	—	— — —	—	— 38	38

aus andern Klassen des Katharineums

	—	—	—	—	—	—	—	—	—	1	—	—	—	—	—	—	—	— — —	1	— — —	2

aus lübeckischen Schulen

																				Summa
Realschule															1		1	1		3
Dr. Bussenius						5	8			8				2						23
Dr. Rohmann								2					1	1						4
Katholische Schule													1							1
aus Mittelschulen														1	2	1				4
aus Volkschulen													1	1						2
aus Privatunterricht				1	1													1		3

aus der Fremde

von Gymnasien		1		1		1	1							1		1				6
« Realgymnasien									1											1
» Bürgerschulen											1			1						2
« Stadtschulen						1							1				1			2
» Volkschulen											1		2	1	1	1	1			7
« Privatschulen								1					3							4
aus Privatunterricht		1		2									1	1		1	1			7

aus dem praktischen Leben

								1												1

e. Abgänge.

Gesamt	16	2	5	3	1	2	2	4	2	7	10	19	2	9	1	5	2	7	1	1	3	3 — 107

Davon sind abgegangen

mit Reifezeugnis	16										3									19
in eine andere Klasse des Katharineums					1												1			2
nach lübeckischen Schulen Realschule						1							2	1						4
Dr. Bussenius													1		2			2	1	6
Dr. Reimann						1			1		1	1		1						5
Mittelschule													2							2
nach auswärtigen Schulen		1	2		1		1				1	1		1					1	9
in Privatunterricht			1				1	1					1							1
um einen Beruf zu ergreifen		1	2	3	1					4	10	18		5		1				45
wegen Umzugs					1		1				1	3			2			1	1	10
sonst					1			1												1

Von den in einen Beruf tretenden Schülern waren

	U I a	O II a	U II a	U II a2	I b	O II b	U II b	U III	IV 2	Gesamt
20 jährig	1	--	—	—	1	—	—	—	—	2
19 '	—	1	-	—	2	3	—	—	—	6
18 '	1	1			1	2	-	-	—	5
17 '		1	1	-		1	1	—	—	10
16 '					1	9	2	--		12
15 '	—	1	-			5	3	—		9
14 '	--		—		-	—			1	1

Davon wollten werden

	U I a	O II a	U II a	U II a2	I b	O II b	U II b	U III	IV 2	Gesamt
Apotheker	--	—	1	—					--	1
Bankbeamter					1			--		1
Bautechniker						1		--		1
Buchhändler	1		--	-	—					1
Elektrotechniker	--		-	—	--	1		—		1
Kaufmann		1	1	1	1	3	14	3	1	25
Küper	--	--	-	—		—		1	-	1
Kunstgärtner		—	-	-			1		-	1
Landmann	--	—	—	—	--	—		1	1	2
Landmesser	—	--	-	»	--	1		--	—	1
Lehrer	—	-	—		1	—		-	—	1
Maschinenbauer	--	-		—	—			1	—	1
Musiker	—				1	—		—	—	1
Offizier	—	—	—		—	1	-	—	—	1
Seemann	—	1	1	-	—	—	1	--	-	3
Tierarzt	--	-			—	1	--		—	1
Zahnarzt	--	—	—	—	—	2	--		—	2

7. Zur Geschichte der Schule.

Nachdem die Aufnahme-Prüfung der in der Osterwoche aufgenommenen Schüler am 21. April stattgefunden hatte, wurde das neue Schuljahr am Montag den 26. April mit 621 Schülern in 25 Klassen und 37 Lehrern eröffnet. Zugleich wurden der wissenschaftliche Hilfslehrer Richard Jesse und der Hilfslehrer Bruno Dühring in ihr Amt eingeführt.

Zu militärischen Übungen wurden Ol. Dr. Hausberg am 15. Juni auf 6 Wochen, w. Hl. Fricke am 9. Juni auf 8 Wochen, L. Meyer am 30. April auf 2 Wochen,

III. Dühring am 20. August auf 10 Wochen einberufen. W. III. Fricke wurde durch den cand. rev. min. Karl Arndt von der 1. St. Lorenz-Schule, L. Meyer durch den Lehrer Wilhelm Langmann von derselben Schule, III. Dühring durch die Seminaristen Hermann Zabel von der 2. Knaben-Mittelschule und Martin Fick von der Burg-Knabenschule vertreten. OL. Dr. Bender fehlte wegen Teilnahme am Schwurgericht am 31. Mai und 1. Juni, Turnlehrer Schramm wegen des Kreis-Turnfestes am 7., 9. und 10. August, Prof. Dr. Eschenburg wegen der Lehrerprüfung am 15. Dezember, OL. Dr. Hoffmann wegen des Schöffengerichtes am 1., 4., 8., 11., 15. März.

Das große Schulfest wurde am 12. Juni im Israelsdorfer Gehölz bei der Forsthalle bei sehr gutem Wetter abgehalten. Im Fünfkampf der Primaner errangen Edgar Graf Luckner aus O I a den ersten und Matthaeus Rauert aus U I a den zweiten Siegespreis. Das kleine Schulfest fiel auf den 19. Juni; beim Ausmarsch nach dem Wilhelmtheater vor dem Mühlenthor fiel zwar Regen, doch wurde bei der Ankunft das Wetter trocken und blieb bis zum Abend günstig. Die Feste verliefen in der üblichen Weise ohne Zwischenfall. Die Turnspiele wurden im Sommer allwöchentlich am Sonnabend Nachmittag auf dem Burgfelde in der gewöhnlichen Weise abgehalten unter der Oberleitung des Turnlehrers Schramm, dem sich OL. Dr. Hausberg und III. Jesse anschlossen; auch machten sich einzelne Primaner durch Leitung der Spiele der unteren Klassen verdient. Zweimal, am 22. Mai und 4. September, war das Wetter ungünstig, dreimal mußten die Turnspiele wegen des auf dem Burgfelde abgehaltenen Turnfestes ausfallen, und die Beteiligung der Katharineumsschüler an den Turnspielen des Turnfestes selbst, die geplant und vorbereitet war, fiel bei dem strömenden Regen am 7. August weg. Der Besuch der Turnspiele seitens der Schüler war die beiden ersten Male (8. u. 15. Mai) recht gut, die beiden letzten Male (11. und 19. September) auch befriedigend; sonst aber ziemlich schwach. Klassenspaziergänge und Ausflüge wurden folgende gemacht: Prof. Dr. Hoffmann am 24. August mit O II a (23 Sch.) nach dem Hemmelsdorfer See, Niendorf und Travemünde, Prof. Dr. Eschenburg am 19. August mit U I a (23 Sch.) nach Mölln und den Seen, Prof. Dr. Curtius am 18. August mit U II a 2 (21 Sch.) nach Sarau und um den Ratzeburger See herum nach Ratzeburg. OL. Schumann am 2. September mit U III a 1 (23 Sch.) nach Schlutup, Schwarzmühlen und den Schwedenschanzen, OL. Dr. Schaper am 26. und 27. September mit O II b (11 Sch.) nach Mölln, Schwarzenbek, Friedrichsruh, Oldesloe, Segeberg, OL. Dr. Bender botanische Ausflüge am 20. August mit IV 1 (26 Sch.) nach Wesloe, am 26. August mit U III a 1 (23 Sch.) nach Blankensee und Umgegend, am 9. September mit O III a 1 (19 Sch.) nach Crummesse, OL. Renter am 26. Mai mit IV 2 (23 Sch.) nach Gotmund und Herrenfähre, OL. Dr. Krüger am 7. September mit VI 2 (27 Sch.) nach Moisling. III. Fricke am 26. Mai mit VI 1 (26 Sch.) nach Israelsdorf und Gotmund, III. Jesse am 19. Mai mit U III a 2 (25 Sch.) nach dem Ratzeburger See, am 27. Mai mit O III a 2 (12 Sch.) nach Entin und dem Uklei, am 17. August mit V 2 (27 Sch.) nach Schwartau, am 20. Oktober mit U III a 2 (20 Sch.) nach Israelsdorf, III. Dühring am 19. Mai mit O VII 2 (18 Sch.) nach der Herrenfähre.

Ol. Dr. Hansberg unternahm auch in diesem Jahre wieder eine Herbstreise mit den Primanern und zwar nach dem Rhein. Er berichtet darüber wie folgt:

„Schon mehrmals war der Plan erwogen worden, eine Primanerreise nach dem Rhein zu unternehmen, aber aus verschiedenen Gründen war er nicht zur Ausführung gekommen. Im Herbst des vorigen Jahres wurde er endlich ins Werk gesetzt. Die Beteiligung war größer als gewöhnlich, 24 Primaner und 2 Lehrer, nämlich außer dem Führer Ol. Schneermann, gingen mit. Am Sonnabend den 25. September mittags fuhr man von Lübeck fort und kam nachts glücklich in Kassel an, doch schon ziemlich früh durchstreiften am anderen Morgen einige Schüler die Straßen der schönen Stadt. Später gings in Gemeinschaft zur goldenen Aue und dann zur Besichtigung des Marmorbades. Das nächste Ziel war Wilhelmshöhe, dessen Schönheiten und geschichtliche Erinnerung ihres Eindrucks nicht verfehlten. Vom Wilhelmshöher Bahnhof ging die Fahrt weiter nach Frankfurt. Die Abwechselung der Gegend verkürzte die Zeit wesentlich und gegen 6 Uhr abends traf man in der alten Mainstadt ein. Das großartige Straßenleben am Sonntag nahm alle Sinne der jugendlichen Schar gefangen. Am Montag Morgen (27. September) wurde in aller Frühe der Palmengarten besucht, dann auch der Römer, und mittags fuhr man mit der Bahn nach Wiesbaden. Bald nach der Ankunft wurde der benachbarte Neroberg bestiegen, von wo man einen großartigen Rundblick über die herrliche Umgegend hat. Der nächste Morgen (Dienstag 28.) brachte die muntere Schar nach Rüdesheim. Von hier aus begann der Marsch zu Fuß. Fast immer durch Weinberge mit hohen Mauern ging es ohne Aussicht beschwerlich für die des Steigens Ungewohnten nach dem Niederwald hinauf, auf dem weit sichtbar das Nationaldenkmal über die Lande prangt, an Deutschlands Ruhm und Größe gemahnend. Die Begeisterung war denn auch eine wahre und tiefgehende. Aber auch hier mußte man scheiden, der Weg führte über die Rossel, wo wieder ein längerer Aufenthalt genommen wurde, und über das Jagdschloß nach Aßmannshausen. Der Führer hatte bald ein Boot gefunden, so gings über den heiligen Rheinstrom und zu Fuß auf dem linken Ufer stromabwärts an der Burg Rheinstein vorüber bis nach Bacharach, dem Ziel des heutigen Tages. Oberhalb der Stadt liegt die Ruine der Burg Stahleck. An den Überresten der Wernerskirche, einem schlanken gotischen Bau in rotem Sandstein, vorbei stiegen wir zur Burg hinauf und lange schweifte das Auge über die wunderbare Gegend. Am andern Morgen (Mittwoch 29.) wurde der Marsch rheinabwärts fortgesetzt. Die stets wechselnden Schönheiten der beiden Ufer mit ihren Burgruinen auf den Höhen boten Stoff zur Unterhaltung und Belehrung, und mit Gesang gelangte man in die Höhe von Caub, sah die Pfalz und den Denkstein, wo Blücher über den Rhein setzte. Plötzlich, nach einer Biegung des Stromes, ward der sagenumwobene Lurleifelsen sichtbar. Hier mußte Halt gemacht werden, um den ragenden Felsen und rauschenden Strom mit seinem starken Verkehr zu bewundern. Dann ging es weiter nach St. Goar und von dort nach Boppard. Von hier aus wurden viele Karten in die Heimat gesandt. Am andern Morgen (Donnerstag 30. September) wurde zuerst der Aufstieg zum Vierseenplatz unternommen, von wo der Rhein wie vier tief in eine Waldlandschaft eingebettete Seen erscheint. Auch konnte man die Mosel in weiter Ferne ihren Silberstreifen ziehen sehen. Dann ging es über Rhense und den Königsstuhl nach Capellen. Man stieg zur Burg Stolzenfels hinauf, genofs den Blick von der Burg und besichtigte unter sachkundigster Führung die prächtigen Gemächer mit ihren mannigfachen Sehenswürdigkeiten. Vom Stolzenfels wurde bei starker Hitze weiter nach Coblenz marschiert, wo die prächtigen Rheinanlagen, eine Schöpfung der deutschen Kaiserin Augusta, allgemein bewundert wurden. Nach einem kurzen Aufenthalte in der Moselstadt zogen wir nach Ehrenbreitstein und über die Berge nach Ems. Der Weg war etwas lang gewesen, aber bald hatten sich alle Teilnehmer erholt. Am folgenden Morgen (Freitag 1. Oktober) brachte uns die Eisenbahn nach Remagen, und von hier aus ins Ahrthal, um von Ahrweiler nach Altenahr zu Fufs zu wandern. Die Eindrücke dieses Tages waren sehr tief, und nur ungern trennte man sich daher am folgenden Morgen (Sonnabend 2. Oktober) von Altenahr, um mit der Bahn thalabwärts zu fahren. Bei Erpel setzte man über den Rhein und dann ging der Marsch weiter den Rhein hinab, dessen Ufer aufser einigen Basaltbrüchen und Weingärten hier wenig Besonderes bieten. Aber bald brachte die Rückfahrt über den Strom uns nach Rolandseck, und die Aussicht vom eigenartigen Rolandsbogen entschädigte uns reichlich. Bald kam dann Godesberg, das Ziel des Tages, in Sicht. Der nächste Tag (Sonntag 3. Oktober) wurde gänzlich der Wanderung durchs Siebengebirge gewidmet, wo zuerst die in waldumrauschter Einsamkeit liegende ehemalige Cistercienserabtei Heisterbach aufgesucht, dann der Ölberg, der höchste Gipfel des Gebirges, erklommen wurde; den Abschlufs bildete der Besuch des Drachenfels. Am Montag 4. Oktober begann die Rückreise, zunächst bis Köln, wo der Dom und der Gürzenich besichtigt wurden. Der folgende Tag (Dienstag 5. Oktober) brachte dann alle Teilnehmer der Reise glücklich nach Lübeck zurück, froh, dafs das Wetter für die Wandertage recht günstig gewesen und wir von Zwischenfällen verschont geblieben waren. Die Kosten betrugen je „M. 63,30."

Am Sedantage eröffnete eine kleine Schulfeier den sonst planmäfsig laufenden Unterricht. Die festliche Ansprache hielt der Direktor. Kaisers Geburtstag wurde am 27. Januar durch eine Schulfeier ausgezeichnet, der Unterricht fiel aus. Feierliche Gesänge und vaterländische Gedichte wurden abwechselnd vom Schulchor und einzelnen Schülern vorgetragen, auch ein Auftritt aus den Quitzows von Wildenbruch durch eine Reihe von Primanern aufgeführt; die Festrede hielt Oberlehrer Dr. O. Hoffmann, an das Hoch auf Seine Majestät schlofs sich der gemeinschaftliche Gesang Heil dir im Siegerkranz an.

Der Fürsorge der Behörde verdankt die Schule die Einrichtung und Ausstattung eines neuen Lehrzimmers, die Erleuchtung weiterer fünf Klassen mit Gasglühlicht und den Anschlufs an die städtische Fernsprechleitung, durch den ein oft empfundenes Bedürfnis befriedigt wird.

Die Rechenprobe wurde diesesmal auf Anregung des gütigen Stifters in den Gymnasialklassen (U II a 1 und 2, O II a 1 und 2) angestellt und erstreckte sich auf das mathematische Rechnen; sie fand am 8. Dezember statt, 37 Schüler nahmen teil. Als die besten Rechner erwiesen sich Friedrich Ranke aus U II a 1 und Adolf Priefs aus O III a 1, unter welche die Prämie zu einem gröfseren und einem kleineren Betrage geteilt wurde.

Die Entlassungsprüfung wurde in ihrem schriftlichen Teile am Gymnasium vom 14.—18. Februar und am Realgymnasium vom 21.—26. Februar abgehalten; die mündliche Prüfung fand unter Vorsitz des Senatskommissars Senator Dr. Eschenburg am 11. und 18. März statt.

Das Lehrerkollegium wurde im verflossenen Schuljahr durch eine hochherzige testamentarische Stiftung der Witwe Ottilie Pauline Rifsmann geb. Neumann erfreut. Diese hat in einem Zusatze vom 18. Juli 1893 zu ihrem am 10. Juni 1897 zu Hamburg eröffneten Testamente vom 3. Juli 1878 ein Vermächtnis von 40 000 ℳ. hinterlassen, um unter dem Namen Eduard Heinrich und Pauline Rifsmann eine Stiftung zu errichten, deren Zinsen dazu verwendet werden sollen, den Lehrern des Katharineums Reisestipendien zur Erholung und Kräftigung ihrer angegriffenen Gesundheit nach Bedürfnis zuzuwenden. Tief gerührt über diese gütige Fürsorge und grofsartige Spende spricht das Lehrerkollegium auch hier öffentlich seinen herzlichen Dank aus. — Der Hilfslehrer Heinrich Teckenburg wurde am 1. April 1897 als Elementarlehrer dritter Gehaltsklasse von der Oberschulbehörde fest angestellt. Der Turnlehrer Carl Schramm wurde im Laufe des Winters von einem Lungenleiden befallen und mufste am 17. Januar seine Thätigkeit einstellen. Ein ihm erteilter längerer Urlaub, den er im südlichen Klima zubringt, wird, wie wir hoffen, seine Gesundheit soweit wieder herstellen, dafs er seine arbeitsvollen, mit Treue und Erfolg bisher erfüllten Dienstpflichten wieder aufnehmen kann. Seine Vertretung, die nur schwer beschafft werden konnte, wurde teils von unsern Oberlehrern, teils von dem Lehrer Joh. Beth von der 1. St. Lorenzschule übernommen. Zu Ostern verläfst uns der Hilfslehrer Richard Jesse wieder, um in Waren einer Berufung in eine feste Oberlehrerstelle zu folgen.

Der Gesundheitszustand des Lehrkörpers war im allgemeinen befriedigend, freilich kam eine Reihe kürzerer Erkrankungen und Schulversäumnisse vor, und besonders die Lehrer Droge und Ütermarck wurden von längeren Krankheiten heimgesucht. Auch zum Schlufs des Schuljahres, im Februar und März, häuften sich die Erkrankungen an Erkältung, Grippe und Influenza, so dafs an manchen Tagen 4 und 5, ja 6 Lehrer fehlten. Der Gesundheitzustand der Schüler war folgender: Eine Anzahl Schüler ist mit dauernden Leiden behaftet oder von schwächlicher Anlage; Erkrankungen brechen dann und wann aus und verursachen Versäumnisse. Unter den einmaligen Erkrankungen sonst normaler Schüler nahmen wieder die der Atmungsorgane den ersten Platz ein, besonders in den beiden untersten Klassen (etwa 116, darunter 5 schwerere, 24 von 10 Tagen und darüber), es folgten die des Magens und Darms (etwa 15, darunter 3 schwerere, 5 über 10 Tage), Augenkrankheiten (etwa 9), Hautkrankheiten und Geschwüre (etwa 7), Ohrenkrankheiten (4, darunter 1 schw.), Nierenkrankheiten (3, darunter 2 schw.), Zahn- (5) und Drüsenkrankheiten (4), und vereinzelt andere. Verletzungen mancherlei Art, besonders an Bein, Fufs, Arm und Kopf blieben nicht aus, darunter eine schwere, die unverschuldet durch einen unglücklichen Zufall herbeigeführt, aber glücklich geheilt wurde. Von den sogenannten ansteckenden Krankheiten stehen voran Windpocken im August und September (13 Fälle, davon 12 in U VII, 3 über 10 Tage) und Keuchhusten im August und September, auch vereinzelt im Herbste, (12 F., davon 10 in U VII, darunter 1 schw., alle von geraumer Zeitdauer): dann folgen Influenza im Dezember und Januar (9 F., darunter 1 schw., 2 über 10 Tage) und Scharlach im Oktober bis Januar (8 F., darunter 4 schw., alle von langer Dauer). Röteln (3), Diphtheritis (2, 1 schw.), Masern u. Ziegenpeter (je 1). In O VII 2 fehlten am 4. December 5 Schüler, in M VII war so viel Krankheit, dafs nur an 19 Tagen des Jahres alle Schüler anwesend waren, in U VII fehlten vom 10. bis 25. September täglich 10 Schüler, am 20. und 21. September 12, am 17. und 18. Sept. 13, am 11., 18., 15., 16. September 14, am 14. September 15.

Die Schulkollegen-Witwenkasse nahm im vergangenen Jahre folgende Geschenke von abgehenden Schülern mit Dank entgegen: aus O I a: von Schirach 20 ℳ, Eckhoff, Goffken je 10 ℳ, Propp, Ranke, Timpe, Weltner je 5 ℳ, Blunk 3 ℳ; aus I b: Burmeister, Mumm je 5 ℳ; aus U I a: Range 3 ℳ; aus O II a: Papke 10 ℳ; aus O II b: Hinckeldeyn 3 ℳ; aus U II b: C. Behrens, Halske je 10 ℳ; Barth, Bernstein, Erb, Gottschalk, Möller, Somper je 3 ℳ; aus O III b: W. Behrens 10 ℳ; aus U III b: Beneke 10 ℳ.